공부보다 소중한 너의 미래에게

KB194949

공부보다 소중한 너의 미래에게

강성태 지음

불안의 시간을 건너는
청소년들을 위한
공부 철학 에세이

다산
북스

20년간 마음에 품어 온
공신의 진짜 이야기

'학생들을 위해 최고의 강의만 제공하겠다. 그럴 수 없다면 미련 없이 접겠다.'

10년 넘는 시간 동안 '공신닷컴' 강의를 촬영하면서 제가 단 한 번도 빼놓지 않고 했던 생각입니다. 그러다 보니 상상도 못 했던 일들을 다 해봤네요. 학생들과 함께 수시로 18시간 공부에 도전했고, 교육청에 직접 등록해 수험생들과 함께 대학수학능력시험을 치르기도 했습니다. 시험지 인쇄해서 편안하게 커피 한잔 마시며 문제를 풀어도 되지만, 실제 수험장에서 불편한 의자에 하루 종일 앉아 피 말리는 마음으로 시험을 치러야 학생들에게 진정한 공부법을 알려줄 수 있다고 생각했기 때문입니다.

그 덕분에 저는 '공부의 신'이라는 이름으로 알려지게 되었습니다. 정말 많은 학생들에게 "최선을 다하자"라고 이야기했고, 어떨 땐 독설도 마구 날렸습니다. '팩트폭행'이라는 말도 유행시켰죠.

제게는 늘 100퍼센트 확신이 있었습니다. 제가 알려드리는 공부법으로 학생들에게 반드시 멋진 인생을 선물하겠다고, 꿈을 이루고 행복한 삶을 살 수 있게 도와주겠다고, 최소한 공부가 학생 여러분의 인생에 장애가 되는 일은 없도록 하겠다고요. 그렇게 평생 '공신'으로 살아가게 될 줄 알았습니다.

공신조차 공부하기 두려운 세상

○

'끝났다. 이제 인간의 시대가 끝날지도 모르겠다.'

그날을 똑똑히 기억합니다. '인공의 지능'을 처음 접했던 그날을요. 그 충격으로 인해 밤을 꼴딱 새웠습니다. 제가 알고 있던 미래와, 이 세상의 원리와, 내일에 대한 기대까지 모든 게 뒤엎어지는 순간이었습니다. 머릿속은 백지가 된 듯 멍해졌고, 불빛 하나 없는 어두운 방에서 모니터 화면 속 AI의 문장을 바라보았습니다.

대체 이게 무슨 일인가 싶어 논문과 지금까지의 개발 과정을 뒤져보았습니다. 더 놀랄 수밖에 없었어요. 이것은 시작의 시작에도 미치지 못하는 단계였으니까요. 인간의 진화 과정으로 치면 이제 고작 단세포가 시작되는 수준이었습니다. 궁극적으로는 AI가 인간의 지능을 초월하는 '특이점'이 올 수도 있겠다는 생각을 할 수밖에 없었죠. 그날 제가 접했던 것은 다름 아닌 GPT였고, 지금 우리가 잘 알고 있는 챗GPT가 대중에게 공개되기 2년 전이었습니다.

그 당시 저는 『강성태 영단어 어원편』을 비롯해 영어 교재를 출간한 이후였고, 많은 분들로부터 영어회화 책도 내달라는 요청을 받았습니다. 그때 문득 '잘하면 AI와 책도 쓸 수 있겠는데?' 하는 생각이 들었죠. 그렇게 작업에 들어갔습니다. 아시다시피 책을 쓰는 과정은 쉽지 않아요. 사람도 만나지 않고 수년간 하루 종일 원고 작업에만 매진해야 하거든요. 저는 그 작업을 AI와 함께했습니다. 매일 AI와 생각을 나누다 보니 제가 AI와 하나가 된 기분마저 들었어요.

결과는 어땠을까요? 놀랍게도 사람이 한 것보다 나았습니다. 출간 즉시 사람들이 가장 많이 보는 영어회화 책이 되었어요. 그 책이 바로 『강성태 66일 영어회화』입니다. 작업을 하면서 얼마나 충격을 받았던지 영어회화 책 서문에 GPT에 관한 설명을 마구 써놓았습니다. 기술 서적에도 없던 GPT 이야기를 영어 책에서 보다니 얼마나 의아하셨을까요. 이 책이 나온 건 챗GPT가 출시되기 1년 전이었습니다. 'AI가 쓴 책이 베스트셀러가 되다니…' 그 일로 저는 더 큰 혼란에 빠지게 되었습니다.

한번 생각해 보세요. 제가 충격을 받은 그날 이후 3년 남짓 지났지만 그 사이 세상은 너무 크게 변했습니다. 매 순간 AI를 통해 사고하고 일하는 시대가 오고 있으니까요. 심지어 학생 여러분조차 보고서를 쓰거나 공부를 할 때 AI의 도움을 받는 시대가 되었죠.

가장 가까이에는 스마트폰이 있습니다. 스마트폰 자체가 AI로 돌아가고, 이미 우리 신체의 일부가 되었습니다. 그뿐인가요? 무선 이어폰으로, 시계로, 안경 렌즈로 AI는 인간의 몸에 달라붙어 우리와 하나가 되고 있습니다.

인공지능이 대신 생각해 주고 일해 주고 결정을 내려주는 시대가 반드시 올 텐데, 이런 세상에서 공부의 의미는 과연 무엇일까요? '공신'인 저조차도 미래에 대해 100퍼센트 확신할 수 없게 되어버린 것입니다.

물론 오지랖인 거, 저도 잘 압니다. 강사가 강의만 잘하고 성적만 잘 올려주면 되지 무슨 미래까지 걱정해 주냐고요. 강의만 잘 듣고 나면 합격을 하든 말든 취업을 하든 말든 사실 알 바 아니죠. 저도 차라리 그렇게 생각해 버리고 말았다면 속은 편했을 것 같습니다. 아니, 애초에 AI 따위 일찍 접하지 않았더라면 더 좋았을 것 같아요.

'나 스스로 미래에 대한 확신이 없는데, 학생들에게 최고의 강의를 해줄 수 있을까?'

'나도 결국 대체될 텐데… 돈 때문에 시작한 일도 아니고 계속 해야 할 이유가 있을까?'

결국 저는 '공신' 활동을 중단했습니다. 이러한 질문들에 대해 답을 내리지 못하면 다시 돌아오지 않겠다는 생각까지 했죠. 사실상의 은퇴였습니다.

그럼에도 우리가 꿈꿔야 할 미래

○

활동을 안 하니 편했을까요? 솔직히 처음엔 편했습니다. 하지만 마음속 우려는 점점 더 커져만 갔습니다. 기술은 눈이 부실 정도로 발전하고 있지만, 제가 가장 사랑하는 학생 여러분에게 닥칠 미래는 너무나 어두웠기 때문입니다.

여러분이 한 분야의 전문가가 되기 위해 10년간 노력을 했다고 칩시다. 꼭 의사나 변호사 같은 전문직종이 아니더라도 한 분야의 전문가가 되기 위해서는 엄청난 양의 공부와 노력과 시간이 수반되어야 합니다.

그러던 어느 날 AI가 업데이트됐어요. 그러더니 그놈이 여러분의 10년을 1초 만에 추월해 버리는 거예요. 심지어 이놈들은 쉬지도 않고, 화장실도 안 가고, 중간중간 휴대폰에 정신이 팔려 딴 짓도 하지 않아요. 10년 노력한 나보다 10배 더 잘하는데, 조만간 100배 더 잘해지고, 결국 공짜로 사용도 가능하다고 합니다.

이런 상황에서 여러분은 어떤 생각이 들까요? 단순히 입시에 실패하고 일자리를 구하지 못하는 것을 넘어 삶을 송두리째 무력화할 허탈감을 느끼게 될 거예요.

저 역시 이런 생각들을 하며 마음이 편하지 않았습니다. 학생 여러분의 노력을, 고민을, 시련을, 땀 흘렸던 시간들을 그 누구보다 잘 아니까요. 공부의 의미를 넘어 삶의 의미를 잃어버릴 여러분을 생각하면 아무리 좋은 곳에서 좋은 걸 먹어도 마음이 즐겁지 않았습니다.

그러던 중 출판사로부터 '왜 공부해야 하는지', '배움이 가지는 의미는 무엇인지'를 담은 책을 내자는 제안을 받았습니다. 너무도 영광스러운 제안이었지만, 여전히 제 자신이 준비되지 않았다는 생각에 몇 번을 고민했습니다.

그러다 문득 학생 여러분이 떠올랐어요. 사실 지금의 우리들은 이미 너무나도 힘든 하루하루를 보내고 있습니다. 저는 현장에서 그것을 절실히 느낍니다. 제가 강의를 하며 제일 듣기 싫어하는 말이 무엇인지 아시나요? 바로 '자살각'

입니다. 정말 너무 싫어요. 요즘 말로 하면 '극혐'입니다. 그런데 정말 많은 학생들이 이 말을 입에 달고 삽니다. '커피가 차갑네 자살각', '숙제를 안 해왔네 자살각' 심지어 친구가 조금만 실수해도 '야, 그냥 자살해라' 이런 말을 합니다. 가벼운 농담처럼 던지는 말 속에 진짜 절망이 숨어 있다는 것을 저는 알고 있습니다.

실제로 지난 12년간 대한민국 청소년 사망 원인 1위가 '자살'입니다. 미국의 경우 2007년부터 2017년 사이 청소년 자살률이 56퍼센트 증가한 반면, 우리나라는 고작 4년 사이에 24.1퍼센트 증가했습니다. 자살을 시도해 보거나 생각해 본 적 있는 학생은 수십 수백 배는 될 겁니다. 어떻게 아냐고요? 유튜브나 강연 활동을 하며 자살을 시도해 본 학생들을 수도 없이 만났거든요. 다만 공개적으로 그런 경험을 말하지 않을 뿐이죠.

이미 많은 학생들이 위험에 처해 있습니다. 입시 스트레스 때문에 안 그래도 나라는 존재가 쓸모없다는 생각으로 가득한데, 인공지능으로 인해 펼쳐질 미래에서 인간인 내가 기계보다 못한 존재가 된다고 생각하면 얼마나 막막할까요?

지금 한창 공부를 하는 학생들은 혼란스러울 수밖에 없을 겁니다. 열심히 하면 된다는 생각만 가지고 달려도 죽도록 힘든 것이 공부인데, 이게 쓸모없을 수 있다는 생각까지 든다면 제대로 공부가 될 수 있을까요?

이대로 손 놓고 있을 순 없었습니다. 저라는 사람이 완벽한 인간이 아닐지라도 지금 이 순간 도서관에서, 학교에서, 집에서 자신의 꿈을 위해 노력하고 있는 학생 여러분에게 조금이라도 힘이 될 수 있는 이야기를 해줄 수 있을 거란 확신이 피어오르기 시작했습니다. 그리고 이것이 제가 3년간의 침묵을 깨고 다시 학생 여러분 곁으로 돌아온 이유입니다.

저는 늘 당장, 가장 빨리 성적을 올리는 방법을 알려드리곤 했습니다. 하지만 이 책에서는 그런 비법만을 알려드리진 않을 거예요. '공신'을 시작하고 20년을 통틀어 가장 중요하다고 생각하는, 그리고 가장 드리고 싶었던 이야기를 들려드릴 거예요.

수많은 학생들과 함께하면서, 또 새로운 세상을 조금 일찍 경험한 선배로서 제가 여러분에게 드리고 싶은 메시지는 딱 하나입니다. '세상이 어떻게 변한다 해도 여러분은 그 어떤 존재와도 비교할 수 없을 만큼 가장 소중한 존재'라고요. 공부를 할 때에도 공부 자체가 목적이 아니라, 가장 소중한 '나 자신'이 목적이 되어야 한다고요.

공부 때문에 불행해지는 게 아니라, 공부로 인해 더 행복한 삶을 만들 수 있다는 것을 꼭 말씀드리고 싶었습니다. 제 어린 시절과 대학 시절과 사회생활까지 모든 경험을 다 털어서 말이죠.

지금 저는 삶의 그 어느 순간보다 절실합니다. 공부를 도와주고 꿈을 이뤄준다는 마음을 넘어, 사람을 살리고 구한다는 마음으로 적어 내려갔습니다. 한 줄 한 줄 기도하는 마음으로 썼어요. 부디 이 책을 통해 여러분이 새로운 시대에 스스로를 더 사랑하고, 꿈을 펼치고, 행복한 삶을 살아갈 수 있게 해달라고요.

만약 그럴 수만 있다면, 부디 그렇게만 된다면 저는 더 바랄 것이 없을 것입니다. 여러분이 스스로를 사랑하고, 꿈을 포기하지 않으며, 새로운 세상에서도 흔들림 없이 인생을 가치 있게 살아가길 진심으로 바랍니다. 세상이 어떻게 변해도 여러분의 가치는 결코 변하지 않습니다. AI가 아무리 똑똑해져도, 여러분이 가진 꿈과 열정은 AI가 가질 수 없습니다. 그러니 부디 세상이 어떻든 나 자신을 믿고 나아가 주세요.

그 길 위에서 저 강성태는 언제나 여러분과 함께할 것입니다. 지금까지 늘 그래왔던 것처럼, 앞으로도요.

2025년 3월

강성태

프롤로그　**20년간 마음에 품어 온 공신의 진짜 이야기**　　　　　4
공신조차 공부하기 두려운 세상
그럼에도 우리가 꿈꿔야 할 미래

#공부할 결심
나는 내가 한심해서, 아니 소중해서 공부했어

불안하다면 잘하고 있는 거예요　　　　　22
혼자인 것 같지만 그렇지 않아요 │ 불안이라는 녀석과 친해지는 법

소심한 겁쟁이인 나도 인생을 바꿀 수 있을까?　　　　　33
절대로 지워지지 않는 아픈 기억들 │ 나를 처음으로 바라본 날

때론 열등감도 무기가 될 수 있습니다　　　　　49
나를 사랑하는 가장 좋은 방법

딱 한 번만 나에게 성취감을 선물해 보세요   60

감히 한계에 도전하다 │ 오직 그 순간만 느낄 수 있는 짜릿함
누구든 한계를 넘어설 수 있다

나를 사랑하는 법을 배우는 과정   80

여러분은 자신을 어떻게 대하나요? │ 미안한데 정말 못생기셨어요

#공부의 이유
너도 한번 제대로 공부해 보는 건 어때?

너 같은 애는 공부해도 안 돼   96

망할 거라고 말해줘서 고마워 │ 여러분이 잘될까 봐 무서워서 그래요
설득하지 말고 증명하세요

세상이 공부로 판단하는 것들   113

축하합니다! 이제 여러분이 사장님입니다 │ 나를 증명하는 진짜 무기

쓸모없어 보이는 공부의 진짜 쓸모   127

왜 공부해야 하는지 묻는다면 │ 고민하는 과정에서 얻을 수 있는 것들
우리 삶에서 가장 강력한 힘

AI가 가져다줄 인류 역사상 최고의 기회 147

준비된 사람에게 기회는 옵니다 │ 수백억을 가져도 시작조차 할 수 없었던 꿈

평생 나를 도와줄 공부의 기술 157

내 인생을 차근차근 준비하는 연습 │ 어른이 된 지금도 공부법을 씁니다

세상은 아는 만큼 재미있고 공부한 만큼 보입니다 174

맛있는 음식을 더 맛있게 먹는 법 │ 딱 한 번이라도 희열을 느낄 수 있다면

언젠가 우리는 혼자가 될 거예요 189

동물이 새끼를 떠나는 이유 │ 홀로 세상을 헤쳐 나가기 위한 시간

Plus Story ★ 시험을 볼 수 있다는 것의 의미 201

PART3

#공부의 방법
기왕 하는 공부, 어떻게 하면 잘할까?

공부 잘하는 애들은 뭐가 다를까? 210

싫어하는 과목은 안 하니까 더 싫어진다 │ 공부법을 구걸하던 아이
돈으로도 바꿀 수 없는 공부법 노트

천재를 이길 수 있는 유일한 방법   227

한 번 볼 책이면 펼치지도 마라 | 백지복습, 무조건 하세요

집중력을 최고로 끌어올리는 방법   243

집중력을 47% 향상시킨 소음의 힘 | 10분의 기적, 포모도로 공부법
스톱워치로 분초를 관리하는 법

조급함을 이겨낼 때 가능해지는 기적   260

끝날 때까진 끝난 게 아니다 | 조급함이 가장 큰 적이다
다른 애들이 긴장할 때 저는 그냥 풀어요 | 불안을 이겨내는 특효의 방법

현실을 만든 건 모두 믿음이었습니다   282

너에게 꼭 전해주고 싶은 단단한 확신
성공이란 실패를 거듭할 수 있는 능력이다

존중하는 마음이 없으면 아무것도 배울 수 없습니다   293

성태는 그냥 엎드려 자라 | 혼자 남아 교실을 청소하던 학생
IQ보다 2배 이상 더 중요한 것

PART4

#공부의 희열

결국 공부는 네 미래를 빛나게 해줄 테니까

우리가 경험할 수 있는 가장 큰 기적   310

아흔에 영어 공부하는 할머니 | 우린 기적이 무엇인지 잘 모릅니다

꿈이야말로 스펙이자 능력입니다   324

사실, 친구 따라 대학 갔습니다 | 꿈이 있는 사람과 없는 사람의 차이
전 과목 A가 안 나올 수 없는 방법

왜 나는 꿈을 못 찾는 걸까?   340

자기만의 길을 만들어간다는 것

AI 시대에 대체되지 않는 직업   346

꿈을 직업에 가두지 마세요

진정한 공부가 선사하는 보람과 희열   352

내 인생에 기적을 가져다준 단 하나의 목표

Plus Story ★ 한계를 깨트린 둔재의 최후   361

PART1

#공부할 결심

나는 내가 한심해서,
아니 소중해서 공부했어

불안하다면
잘하고 있는 거예요

'나 지금 잘하고 있는 걸까?'

'나만 뒤처지고 있는 건 아닐까?'

재미있는 영상을 보고 친구들과 수다를 떨며 하루 종일 잘 웃고 지내다가도 문득문득 이런 생각이 들 때가 있습니다. 아무리 노력해도 결과는 보이지 않고, 몇 시간이고 책상에 붙어 앉아 있어도 남들보다 뒤처지고 있다는 생각이 머릿속을 떠나지 않죠. 그러다 보면 어느새 마음이 무거워지고, 깊은 수렁에 빠진 듯 답답함이 몰려옵니다. 다른 사람들은 문제없어 보이는데, 왜 나만 제자리걸음일까요? 이 불안감이 나를 집어삼켜버릴까 봐 머릿속이 복잡해집니다.

주변을 둘러보면 더 막막해집니다. 엄마 친구 아들 이야기를 들으면, SNS를 보면 다른 애들은 나보다 훨씬 멋지고 즐겁게 학교 생활하면서 성적도 좋은데 나는 왜 이 모양일까요? 모두가 얼굴 천재, 공부 천재인데 나는 그냥 숨쉬기 천재 같아요.

부모님이 내게 거는 기대는 또 왜 이렇게 클까요? 마음먹고 정말 잘해보고 싶은데, 잘하기도 전에 그 기대 때문에 몸도 마음도 녹아내릴 것 같아요. 때로는 나에게 아예 관심을 끊어주면 좋겠다는 생각이 들기도 합니다.

불안이고 뭐고 다른 건 다 제쳐두고, 이 공부가 과연 쓸모 있기는 한 걸까요? 잠자는 시간을 제외하고 하루 종일 공부만 하는 것 같은데 사실 이걸 왜 배우는지 도무지 모르겠고, 그 이유를 가르쳐주는 사람도 없어요. 수학 공식, 영어 문법, 과학 원리… 이런 거 인생을 살면서 어디 써먹을 일이 있을까요?

시험도 마찬가지예요. 단 하루만 치러지는 수능으로 내가 얼마나 준비된 사람인지 제대로 보여줄 수 있을까요? 몇 년을 죽어라 공부했는데 딱 한 번에 모든 걸 결정짓는 시험

방식이 억울할 때도 있어요.

심지어 인공지능이 세상을 바꿀 거라는 이야기도 들려요. '공부의 신'이라는 강성태조차 "억지로 공부하지 않아도 되는 시대가 옵니다!"라는 소리를 해대는 걸요. 최근에는 유튜브에 '머리에 칩을 이식하는 기술'마저 소개했어요. 내가 몇 년간 노력해도 풀지 못하는 어려운 문제들을 인공지능이 순식간에 풀어내는 걸 보니까, 내가 들고 다니는 이 두꺼운 문제집들이 다 무슨 소용이 있나 싶더라고요. 이쯤 되면 다 필요 없고 치킨이나 먹고 잠이나 자야겠다는 생각이 듭니다.

혼자인 것 같지만 그렇지 않아요

○

여러분도 '나는 왜 이렇게 불안할까?', '이 공부가 과연 의미가 있을까?'라는 생각을 해본 적 있나요? 사실 지금 이 시간에도 불투명한 미래 때문에 불안한 마음이 들고, 공부에 관한 고민과 질문들이 여러분의 머릿속을 어지럽히고 있을 거예요.

그래서 이 책이 세상에 나왔습니다. 이 책은 여러분이 불안과 고민 속에서 길을 잃지 않도록 도와줄 작은 나침반이 되어줄 거예요. 불안한 마음을 다독여주고, 지금 우리가 하고 있는 이 공부에 어떤 의미가 있는지를 함께 생각해 볼 거예요.

무엇보다 책을 읽는 동안 공부하고 싶다는 생각이 차오를 거예요. 한 번도 제대로 공부해 본 적 없는 사람은 '나도 한번 해보고 싶다는 의지'를, 중간에 포기한 사람은 '다시 시작할 용기'를 얻을 수 있을 거예요. 이미 열심히 공부하고 있는 사람도 '좀 더 강한 확신'을 품고 앞으로 나아갈 수 있을 겁니다. 마치 짙은 안개 속에서 길을 찾다가 마침내 나만의 길을 발견한 순간처럼 말이죠.

하지만 이 책은 단순히 성적을 올리는 것만을 목표로 하진 않습니다. 사실 성적 올리는 건 제게 40년 호떡 달인이 호떡 한 장 굽는 것처럼 쉬운 일이에요. 그 덕분에 '공부의 신'이라는 거창한 별명도 얻었고요. 하지만 저는 '공신'으로 활동하면서 단 한 번도 여러분의 성적만을 올려주는 것을 목표로 삼은 적이 없습니다. 제가 정말 간절히 바라왔던 것은, 공부하고 성적을 올리는 이 과정을 통해 여러분이 꿈을 이루고 더 행복하고 후회 없는 삶을 살아가는 방법을 배우는 것이었어요.

공부는 인생을 지혜롭게 살아가는 법을 배울 수 있는 중요한 과정이기 때문이에요. 성적을 올리는 건 하나의 작은 목표일 뿐, 공부하는 과정을 통해 얻는 진정한 가치는 훨씬 크답니다. 공부는 여러분이 품은 꿈을 이루기 위한 도구이자, 더 나은 삶을 살아가기 위한 지혜를 얻는 길이거든요. 그러니 부디 이 책이 여러분에게 공부를 넘어 인생의 동반자가 되어주기를 기대합니다.

그렇기에 이 책은 딱 한 번 보고 끝내는 책이 아닙니다. 공부하다가 길을 잃었을 때, 내가 가는 이 길이 맞는지 확인하고 싶을 때, 즉 불안하고 막막할 때마다 수시로 꺼내어 활용할 책입니다.

솔직히 이야기하자면 슬프게도 여러분이 느끼는 그 불

안은 하루아침에 사라지지 않아요. 저 역시 늘 불안을 느끼며 공부했고 지금도 살아가고 있으니까요. 하지만 불안을 어떻게 받아들이고 다루느냐에 따라 우리의 공부는 수렁에 빠질 수도, 더 나은 방향으로 나아갈 수도 있습니다. 공부라는 긴 여정 속에서 나 자신을 지키고 지혜롭게 살아가는 방법을 배우는 것, 바로 이것이 제가 여러분과 나누고 싶은 이야기입니다.

자, 그럼 이제 그 길을 함께 걸어가 봅시다. 힘들고 막막하더라도 걱정하지 마세요. 여러분은 혼자가 아니니까요. 세상이 날 외면한 것 같아도, 한 번은 진짜 독하게 잘해보고 싶은데 그런 내 마음을 아무도 몰라줘 서운할 때도, 최소한 저 강성태만큼은 항상 여러분 곁에 있을 거니까요.

불안이라는 녀석과 친해지는 법

○

'나 지금 잘하고 있는 걸까?'
'나만 뒤처지고 있는 건 아닐까?'

사실 공부하는 여러분뿐만 아니라 우리나라에서 가장 실력이 뛰어난 국가대표 선수들도 큰 경기를 앞두고는 이런 생각을 합니다. 심지어 명상 전문가나 심리상담가까지 동원해 마음속에 꽉 찬 불안을 해소하려고 노력합니다. 올해 수능에서 전국 수석을 차지할 학생도 안정제와 우황청심환을 먹으며 마음을 다잡고 있는지도 몰라요.

우리가 생각하는 것보다 훨씬 많은 사람이 나와 비슷한 불안을 겪고 있습니다. '공신닷컴'이나 제 유튜브 채널에 달린 댓글을 보면요, 조금 과장해 절반 이상이 불안에 관한 이야기입니다. 그러니 불안을 느낀다고 해서 이상한 것도 아니고 너무 심각하게 걱정할 필요도 없어요. 불안은 인간이라면 모두가 겪는 자연스러운 감정입니다.

누구나 시험과 같이 중요한 일을 앞두면 마음이 불안해질 수밖에 없어요. 그 이유는 우리의 뇌가 위험을 미리 감지하고 대비하려는 성향이 있기 때문입니다. 시험을 치기 전부터 혹시라도 지난번보다 성적이 떨어질까 봐, 친구들보다 한참 뒤처질까 봐 미리부터 걱정을 하는 거예요.

아이러니하게도 이런 불안 덕분에 인류는 지금까지 멸

종하지 않고 살아남았습니다. 호랑이가 나올 것 같은 불안 감이 들면 숲속에 들어가지 않았어요. 겨울에 굶어 죽을까 봐 걱정돼 식량을 미리 모아두기도 했고요. 오히려 불안을 느끼지 못하는 게 더 큰 문제입니다. 호랑이 발자국이 바로 앞에 보이는데도 도망칠 생각을 안 하면 어떻게 되겠어요? 그날로 바로 호랑이 점심식사 되는 거예요.

특히 요즘은 소셜미디어 때문에 불안이 더 커지는 것 같아요. SNS 속 친구들은 다들 왜 이렇게 잘난 걸까요? 불안이 불안을 낳는다는 말처럼 그런 게시글을 자꾸 보다 보면 '나만 왜 이렇게 뒤처질까' 하는 불안이 더 커져요.

그럴 때, 이렇게 한번 생각해 보는 건 어떨까요? 불안은 결코 피해야 할 감정이 아니라고요. 오히려 불안은 우리가 정말로 중요한 일을 하고 있다는 신호일 수 있습니다. 시험을 앞두고 불안한 건 그만큼 잘하고 싶은 마음이 크다는 거잖아요. 잘하고 싶은 절실한 마음이 있다는 거니까 오히려 칭찬받아야 할 일이죠. 만약 잘 볼 필요도 없고 잘 보고 싶은 마음도 없는 시험이라면 불안을 느낄까요? 아닐 거예요.

저도 심심풀이로 했던 낱말 퀴즈에서는 전혀 불안을 느끼지 않았지만, 수능 시험에서 어휘 문제를 풀 때는 얼마나 불안했는지 몰라요. 그 불안은 내가 그만큼 이 일에 진지하게 임하고 있다는 신호였던 거예요. 그래서 저는 불안을 느끼는 학생에게 더 큰 가능성을 엿보기도 한답니다. 완벽하게 하고자 하는 욕심이 있다는 뜻이니까요. 날고 긴다는 공신 멘토 중에도 불안을 원동력 삼아 철저히 공부해 성공한 케이스가 얼마나 많은데요. 반대로 불안을 전혀 느끼지 않는 학생을 보기도 하는데요. 공부를 시원하게 포기한 학생들이 그렇습니다.

더불어 불안은 우리가 하기 싫은 일도 하게끔 만들어주는 고마운 존재입니다. 때때로 불안은 굉장한 동기로 작용하거든요. 한번 솔직해지자고요. 시험 망쳐서 혼나고, 취업도 못 하고, 연애도 못 하고, 치킨도 못 사먹는 인생이 될까 봐 불안하지 않다면 우리가 공부를 할까요? 벼락치기라도 하는 이유는 그런 불안감 덕분입니다. 불안감이 높은 사람일수록 미리미리 공부하는 모습을 보일 수밖에 없어요.

원시인들조차도 얼어 죽을지도 모른다는 불안감 때문에

미리 땔감을 구해놓고, 굶어 죽을지도 모른다는 불안감 때문에 열심히 도토리라도 모아둔 것이죠. 불안감을 전혀 느끼지 않은 인류는 이미 굶어 죽었거나 얼어 죽었어요. 우리는 불안 덕분에 생존한 인류의 후손입니다. 그런 조상님들의 후손이니 불안을 느끼는 건 당연한 거예요.

불안을 느낄 때 중요한 건 '행동'을 시작하는 것입니다. 멘탈을 억지로라도 부여잡고 작은 목표부터 세워보세요. 예를 들어 공부할 양이 많아서 막막할 때는 오늘 '순공' 시간 동안 내가 해낼 수 있는 작은 목표를 정해보는 거예요. '수학 문제 10개 풀기' 혹은 '역사 교과서 5페이지 읽기'처럼 부담 없는 목표부터 시작해 보는 겁니다. 그러면 작은 성취감이 쌓이고 불안은 점차 줄어들 거예요.

또 불안은 지금 내가 가는 길이 맞는지 확인해 보라는 신호이기도 합니다. 혹시 내가 공부 계획을 잘못 세운 건 아닌지, 부족한 부분이 없는지를 돌아보는 계기로 활용할 수 있어요. '공신닷컴' 수강생들 중에도 이런 분이 많아요. 제대로 된 방법으로 하고 있는지 불안해서 강의를 듣기 시작했는데, 공부법뿐만 아니라 동기부여까지 얻었다는 후기도 많습니다. 심지어 '무료 수강이 가능한데 왜 지금 알았을까…' 하는 후회의 글도 많이 올라옵니다. 물론 일찍 알았더라면 좋았겠지만, 지금이라도 달라질 수 있는 게 어딘가요? 결국 불안은 우리를 구해주는 고마운 감정입니다. 그러니 불안을 느낄 때마다 '내가 지금 뭘 놓치고 있지?', '내가 정말 원하는 게 뭘까?'라고 스스로에게 물어보길 바랍니다.

마지막으로 당부하고 싶은 건 불안한 나 자신도 사랑할 줄 알아야 한다는 것입니다. 불안을 느낀다고 해서 내가 부족하거나 잘못된 게 아니에요. 그 불안 덕분에 나는 더 나아지고 있는 거니까요. 완벽하지 않아도, 흔들려도 괜찮아요. 중요한 건 그 불안 속에서도 나 자신을 믿어주는 거예요. 불안한 나도 사랑해 주세요. 그렇게 나를 따뜻하게 안아주고 인정하며 나아가다 보면 어느새 불안은 점점 사라지고, 그 자리에 더 강해진 내가 있을 거예요.

소심한 겁쟁이인 나도
인생을 바꿀 수 있을까?

사람은 누구나 인생에서 아무 걱정 없는 시절이 있습니다. 저는 경상북도 점촌에서 살 때가 그랬어요. 겁 많던 제게 걱정이 하나 있었다면 동네 개가 저를 물까 봐 무서워했던, 딱 그 정도였어요. 그 시절이 참 좋았다는 걸 저도 뒤늦게 깨달았습니다.

저는 초등학생 때 부모님을 따라 서울로 이사 왔습니다. 화곡2동 남부시장 근처였죠. 큰 이모가 시장에서 떡 장사를 하셨거든요. 그 덕분에 팔고 남은 떡을 하도 많이 먹다 보니 지금까지도 떡을 좋아해요. 유튜브 상담 방송을 할 때 제 별명 중 하나가 '콩성태'인데, 진지한 이야기를 하다가 자꾸 콩떡을 한 입씩 먹어서 붙여진 별명이에요.

서울에 처음 왔을 땐 정말 깜짝 놀랐습니다. 도로에 차가 가득하더라고요. 학교에 갔더니 건물이 네 채나 되고 동네엔 놀이터도 있었습니다. 그중에서도 가장 놀랐던 건 학교 건물 안에 화장실이 있다는 거였어요. 점촌에서는 학교 건물 밖에 재래식 화장실이 있었거든요. 누가 거기에 몽달귀신이 나온다고 소문을 내서 저는 무서운 마음에 화장실 칸 안으로는 아예 들어가지도 못했습니다.

전학을 가면 교탁 앞에서 인사를 해야 한다고 해서 그것만 며칠을 준비했습니다. 정말 너무 떨렸어요. 그래도 인사까지는 무사히 마쳤는데, 바로 그다음 날 문제가 생겼습니다. 학교에 들어갔더니 우리 반을 못 찾겠더라고요. 그때 저는 어떻게 했을까요? 학교 안내도를 찾아봤을까요? 아니면 지나가는 선생님께 여쭤봤을까요? 어처구니없게도 저는 그냥 집에 돌아왔습니다. 원래 그런 아이였어요. 겁이 많아서 우리 반이 어디냐고 물어볼 용기조차 없었습니다.

겁 많고 소극적이고 어리바리한 성격을 고쳐보고자 부모님께서는 저를 보이스카우트에 가입시키셨습니다. 정말 다행히 제가 바뀌었을까요? 한번은 학교에서 대전엑스포로 견학을 갔는데요. 신기한 게 많아서 넋을 놓고 구경하다가 그만 친구들을 놓치고 만 거예요. 설마 하는 마음으로 친구들을 찾아다녔습니다.

'나만 버리고 간 건가?'

'내가 타임머신을 타고 다른 세상에 떨어진 건가?'

분명 선생님께서 여기를 둘러본 다음 언제까지 어디로 오라고 말씀하셨는데, 당황한 마음에 아무것도 기억나지 않았습니다.

그땐 정말 식은땀이 나고 머릿속이 새하얘졌습니다. 대개 이럴 땐 어른들한테 도움을 요청하거나 안내소에 가야 하잖아요. 저는 그 정도의 용기도 없다 보니 혼자 공황 속에 빠진 채 미아가 되었습니다. 심장이 미친 듯 뛰기 시작했고 온몸에 소름이 돋으면서 눈물이 터지기 일보직전이었어요. 억지로 참고 있었던 거예요.

이리저리 헤매다가 녹초가 되어 결국 정문까지 갔는데, 다행히 그곳에서 선생님들이 저를 기다리고 계셨습니다. 혹시나 제가 행사장 밖으로 나갈까 봐 물고기를 잡는 그물처럼 촘촘하게 게이트 곳곳을 막고 계셨던 거예요.

'아, 살았구나!' 싶었습니다. 농담이 아니라 선생님을 보는 순간 성자의 후광이 비치는 것처럼 느껴졌어요. 부끄러워서 멀쩡한 척을 했지만 정말 눈물을 꼴딱꼴딱 삼켰습니다. 학생들이 타고 온 버스들은 이미 떠났기 때문에 저만 따로 선생님 차를 타고 따라갔지요. 너무 죄송했어요. (전동일 선생님, 놀라셨죠? 정말 죄송합니다.) 길 잃은 유치원생의 이야기 같지만, 놀랍게도 이 이야기는 초등학교 5학년 강성태 학생의 이야기입니다.

혹시 여러분 주변에도 다른 친구들보다 발달이 좀 느리고, 겁도 많고, 눈물도 많고, 기억을 잘하지도 못하고, 모든 게 서투른 친구가 있나요? 사실은 그게 바로 저였습니다.

그런 제가 그때 그 대전에서 몇 천 명을 대상으로 강연을 했습니다. 비교적 최근에는 대통령과 국회의원들이 대거 참석하는 국가 행사에서 사회를 보기도 했어요. 정말 이게 무슨 일인가 싶었습니다. 원래는 여기에서 바보처럼 길을 잃은 채 울던 학생이었는데 말이죠.

이런 소심한 성격 탓에 학창 시절에는 앞으로 제가 공부를 잘하게 될지, 좋은 대학에 가게 될지, 학생들을 도와주는 일을 하게 될지, '공신닷컴'의 CEO가 될지 감히 꿈에도 상상하지 못했습니다.

여러분도 마찬가지예요. 지금 스스로를 보잘것없다고 생각하나요? 지금 나의 성적과 내가 가진 것들로만 나의 가능성을 한정 짓지 마세요. 여러분은 저보다 훨씬 더 크게 성장하고 변화할 거예요. 반드시 됩니다. 왜냐고요? 최소한 이 책을 보고 있잖아요. 저는 비록 주변에 대학 나온 사람도 한 명 없고 공부에 대해 조언해 주는 사람도 없었지만, 여러분에게는 제가 가진 비결을 모조리 알려드릴 테니까요.

절대로 지워지지 않는 아픈 기억들

○

"내일 시험인데 강성태 뇌 하루만 빌리는 법 없냐?"

"강성태한테 공부는 그냥 텔레비전 리모컨 누르는 수준 아니냐?"

"강성태는 매년 수능 출제위원들 평가하려고 시험 본다던데?"

'공부의신 강성태' 유튜브에 이런 댓글이 달립니다. 하지만 여러분의 기대와 달리 저는 '공신'과는 거리가 먼 늦되고 두려움 많고 표현도 서툰 아이였습니다. 말도 늦게 떼서 혹시 장애가 있는 건 아닌지 어머니가 걱정하신 적도 있대요. 한글도 못 떼고 초등학교에 갔으니 매번 받아쓰기 시험을 통과하지 못해 나머지 공부를 해야 했습니다. 70점을 못 넘기면 수업이 끝나고 재시험을 봐야 했는데, 어머니는 아직도 재시험에서 100점 받았다고 엄청 기뻐하던 제 모습을 종종 말씀하세요.

안 그래도 겁이 많은데 새로운 학교에 가니 늘 주눅이 들어 있었고, 아무것도 아닌 일에 불안해하던 버릇이 몸에 배어버렸습니다. 그때도 저처럼 만만해 보이는 학생을 괴롭히는 친구들이 있었어요. 소위 '일진'이라고 부르는 녀석들이죠.

사람이란 참 이상해요. 생각한 대로 됩니다. '실수하면 어쩌지' 걱정하다 보면 정말 실수를 더 많이 하게 돼요. 우리의 뇌는 한순간에 작동이 가능한 용량이 정해져 있는데요. 걱정을 많이 하면 그 걱정이 뇌의 용량 대부분을 차지하게 됩니다. 컴퓨터의 메모리 용량이 떨어지는 것과 똑같죠. 집중력도 기억력도 떨어지고, 평소에 쉽게 잘하던 것도 제대로 못하게 됩니다. 그래서 시험을 볼 때도 불안감이 들면 심호흡을 하거나 다른 생각을 해서라도 일단 걱정을 떨쳐내야 해요.

새로운 학교에서 저는 '친구들이 날 무시하거나 우습게 보면 어쩌지?' 하는 걱정을 했습니다. 나중에는 별일도 아닌데 '혹시 나를 안 좋게 생각하면 어쩌지?' 하며 하루 종일 심란해하기도 했죠.

여러분은 부디 저처럼 자신을 갉아먹는 일을 하지 말기를 바랍니다. 명심하세요. 내가 나를 보잘것없게 여기면 다른 사람도 나를 그렇게 대할 거예요. 저는 '무시당하면 어쩌지?' 하는 생각에 너무 사로잡힌 결과, 진짜로 무시당하고 말았습니다. 그 걱정을 열심히 한 끝에 정말로 그런 사람이 되어가고 있었습니다.

6학년이 되면서 갑자기 쑥쑥 크는 친구들이 생겼어요. 정말 거인 같더라고요. 힘도 무지 셌고요. 이 친구들 중 몇

명은 약한 친구들을 괴롭히기 시작했습니다. 저는 그 아이들에게 괴롭히기 딱 좋은 상대였던 것 같아요.

"○○이가 너 화장실로 잠깐 오라는데?"

아직도 생생히 기억나는 풍경이 있어요. 화장실에 가면 이 친구들이 늘 라디에이터에 앉아 있었습니다. 초등학생 때도 중학생 때도 왜 이 친구들은 죄다 라디에이터에 앉아 있었던 걸까요? 엉덩이가 시렸나 봅니다.

어쨌든 부른다고 하니 갔습니다. 그런데 그 친구 앞에 서자마자 예고도 없이 주먹이 날아왔어요. 울음이 많았던 저는 1초 만에 즉시 울었습니다. 저는 원래 누가 옆에서 욕만 해도 바로 눈물을 흘렸거든요. 정말 한참을 맞았는데 그게 시작이었어요. 강성태는 그렇게 때려도 된다고 생각했던 건지 서열이 낮은 친구들도 저를 때리더라고요.

한 친구는 화장실에서 한 손으로 뭘 먹으면서 때렸습니다. 정말 비참했어요. 계란을 까먹으면서, 요플레를 떠먹으면서 음식을 입에 물고 주먹을 날렸습니다. 얼굴에 미소를 지은 채 뭘 먹어가면서 때리는 장면들은 아직도 잊히지 않아요.

저에게 화장실은 무섭고, 오래 있으면 안 되는 곳이었습니다. 가장 안 좋은 일이 많이 일어나는 곳이니까요. 어른들의 눈이 없는 곳이니까요. 선생님들은 학생 화장실에 안 오시거든요. 저는 학교에서 화장실에 갈 때 일부러 다른 학년 화장실을 찾아가기도 했습니다. 6학년이 1학년 화장실에 다녔어요. 별것 아닌 것 같지만 정말 부끄러웠습니다.

복도를 다닐 때도 몰래 살피는 게 습관이 됐습니다. 걸어차일까 봐요. 최대한 누구를 마주치지 않으려고 애썼습니다. 그 당시에는 학교폭력이 너무 심했어요. 고등학생 때 『우리들의 일그러진 영웅』이라는 소설을 공부했는데, 과장이 아니라 제가 경험한 것과 너무 흡사해서 작가가 우리 학교에서 벌어진 일을 보고 쓴 걸까 하는 생각이 들 정도였습니다.

지금은 이렇게 여러분을 위해 책까지 쓰고 있지만, 어릴 적 기억을 떠올려보면 죄다 잿빛입니다. 우울과 막막함 그 자체였습니다. 미래라는 게 보이지 않았어요. 하지만 진짜 큰 시련은 이제부터 시작이었습니다.

나를 처음으로 바라본 날

○

중학교 2학년 어느 날, 교실은 평소처럼 시끌벅적했습니다. 수업 종이 치고 선생님이 들어오시기 직전이었던 것 같아요. 그날 저는 인생에서 절대 잊을 수 없는 실수를 저질렀습니다.

교실 맨 뒷자리에 그 당시 싸움을 제일 잘하던 친구가 앉아 있었어요. 키도 크고 담배도 피우는 친구였죠. 그날 어쩌다 제가 뒤를 돌아봤는데, 그 친구와 눈이 딱 마주쳐버린 거예요.

보통 그럴 땐 어떻게 하나요? 그날 저는 멍청하게도 큰 실수를 하고 말았습니다. 그 친구를 보고 방긋 웃어버린 거예요. 지금 생각해도 왜 그랬는지 모르겠습니다. 잠깐 딴 생각을 하다가 정신이 나갔었나 봐요.

그 순간 갑자기 눈앞이 흐릿해졌습니다. 동시에 얼굴에 뭔가 끈적끈적한 게 느껴졌어요. '뭐지?' 하며 손을 얼굴에 갖다 댔습니다. 맙소사, 그제야 알았어요. 제 얼굴에 침이 묻어 있었던 겁니다. 담배까지 피우는 친구의 가래침이 제 얼굴에 가득했어요.

여러분이라면 어떻게 했을 것 같나요? 영화에서라면 의자를 던지고 한바탕 싸움이 벌어졌겠죠. 저도 그랬을 것 같나요? 당연히 저는 그럴 꿈조차 꾸지 못했습니다. 울보 겁쟁이였으니까요.

바로 고개를 푹 숙이고 손으로 그 더러운 침을 몰래 닦아냈습니다. 그게 제가 할 수 있는 전부였어요. 왜냐고요? 다른 친구들이 볼까 봐요. 그런 상황에도 화가 나기보다는 '주변 친구들에게 비웃음을 당하면 어쩌지?' 하는 걱정뿐이었습니다.

그렇게 두더지처럼 웅크리고 있는데 곧바로 선생님이 들어오셔서 수업이 시작됐어요. 최소한 그 친구에게 반항은 못 하더라도 화장실에 가서 침은 닦았어야 했는데, "선생님, 화장실 좀 다녀오겠습니다" 이 한마디를 할 용기조차 내지 못했습니다. 평소에도 못하는 말을, 심지어 이런 꼴을 하고 어떻게 하겠어요.

"괜찮아?"

조심스럽게 물어보던 짝꿍의 말이 아직도 생생합니다. 하지만 대답조차 못 했습니다. 대답하는 것 자체가 너무 창피했거든요. 분명 주변 친구들도 다 봤을 거 아니에요. 여학생들까지요.

'사라지고 싶다.'

그 생각만이 제 머릿속에 가득했습니다. 한 시간 동안 흥건한 침을 얼굴에 가득 묻힌 채 수업을 듣는 척했습니다. 고개를 완전히 숙일 수도 없었어요. 자는 줄 알고 선생님이 앞으로 불러내면 이 상황을 다 들킬 테니까요. 그 시간 동안 저는 제 자신을 고문하고 있었던 겁니다.

쉬는 시간이 되자마자 조용히 화장실에 갔습니다. 얼굴을 씻고 또 씻었어요. 화장실 비누로 몇 번을 씻어냈는지, 정말로 피부를 다 벗겨내고 싶은 심정이었습니다.

'나 같은 바보가 또 있을까?'
'나 같은 게 사는 의미가 있나?'

그때까지도 침을 뱉은 친구에게 화가 나지 않았습니다. 제가 진짜 화났던 건 다름 아닌 제 자신이었습니다. 얼마나 바보 천치 같나요? 숨으려고만 하고, 찍소리도 하지 못하는 바보 같은 제가 원망스럽고 또 원망스러웠습니다.

　　갑자기 부모님이 참 불쌍하다는 생각도 들었습니다. 그래도 자식이라고, 귀한 첫째 아들이라고 뭐 하나라도 더 먹이려고 애쓰시고, 좋은 것 있으면 양보해 주시는데. 집에서는 큰소리치면서 짜증 부리는 내가, 학교에서는 찍소리도 못하고 이러고 다니는 걸 우리 부모님은 알고 계실까? 제게 기대라는 걸 하면서 고생하시는 부모님이 참 안타깝고 불쌍했습니다.

　　그러다 문득 진짜 불쌍한 사람이 눈에 보였습니다. 거울 속에 비친 저 자신이었어요. 울어서 빨개진 눈, 몇 번을 씻어도 남아 있는 것 같은 침 자국, 파르르 떨고 있는 어깨…. 참 가엽더라고요. 내가 뭘 그렇게 큰 잘못을 했다고 이런 일을 겪어야 하는지. 그렇게 무시당하고도 아무 말도 못 한 채 화장실로 도망쳐 온 제 자신이 너무 불쌍하게 느껴지기 시작했습니다.

생각해 보면 얼마나 황당합니까. 딱히 잘못한 것도 없는데 숨을 궁리만 하고 있었습니다. 한 시간 내내 침을 얼굴에 묻힌 채 스스로를 고문하면서, 그것도 모자라 저를 괴롭힌 그 친구한테 화를 내도 모자랄 판인데 정작 저 자신을 원망하고 스스로에게 화를 내고 있었던 것입니다. 제 자신이 부끄럽고 보기 싫다는 생각만 했습니다. 저를 무시하고 깔보고 괴롭혔던 친구들만큼이나, 저조차도 스스로를 무시하고 깔봤던 겁니다. 저 또한 가해자였을지도 몰라요.

그 순간 제 마음속에 작은 목소리가 들리는 듯했습니다. '미안하다고.' 누군가에게 하는 말이 아니라 스스로에게 하는 말이었어요. 그동안 나 자신을 얼마나 소중하게 대하지 않았는지, 얼마나 나를 지켜주지 못했는지 가엾기 짝이 없었지요.

그날 이후 제 마음속에는 작은 다짐이 피어오르기 시작했습니다. 더는 나를 함부로 대하지 않겠다고요. 세상이 아무리 나를 괴롭히고 무시해도, 나는 나를 깔보고 미워하지

않겠다고요. 더는 이렇게 당하고 있게 내버려두지 않겠다고요. 그 마음과 다짐이 제 인생의 시작이었습니다.

때론 열등감도
무기가 될 수 있습니다

　맞아요, 저는 열등감 때문에 공부를 시작했습니다. 지질하고 못나서 공부했습니다.

　당시 저희 반에는 저만큼이나 소심해 보이고 조용한 친구가 있었는데요. 저와 달리 그 친구를 깔보는 사람은 아무도 없었습니다. 놀랍게도 반 친구들은 물론이고 심지어 선생님조차도 그 친구를 존중했어요. 대체 누구였을까요? 바로 전교 1등이었습니다. 그 친구를 보며 생각했어요. '내가 만약 저 친구처럼 공부를 잘하게 된다면?' 아무도 무시하지 못하는 당당한 제 모습이 그려지더라고요.

　그때만 해도 저는 이렇다 할 꿈도 없었고 공부가 재미있다고 생각해 본 적도 없었습니다. 공신들도 공부를 시작한 이유가 다양한데요. 한때 저는 짝사랑하는 친구에게 잘 보이고 싶어서 공부하기도 했고, 일제강점기 때 고통받았던 분들을 생각하며 미친 듯이 공부하기도 했는데, 첫 번째 이유는 '열등감'이었습니다.

사실 열등감은 엄청난 원동력입니다. 열등감의 사전적 의미는 '자기를 남보다 못한다고 느끼는 감정'인데요. 남들보다 낮다고 생각하는 것은 자기 스스로를 잘 알고 있다는 뜻이고, 열등감이 있다는 건 그만큼 부족한 것을 채울 준비가 되어 있다는 뜻입니다. 진짜 문제는 자신이 부족한데도 부족한 것조차 모르는 것이죠. 문제가 문제인 줄 모르는데 어떻게 고쳐지겠어요?

이런 열등감에 대해 인생을 바쳐 연구한 분이 있는데요. 바로 프로이트와 융과 함께 심리학의 3대 거장으로 꼽히는 '아들러'입니다. 심리학에 열등감이라는 용어를 처음 도입한 것도 바로 아들러였죠.

원래 그는 안과 의사였는데 한 가지 흥미로운 사실을 발견했습니다. '눈이 나쁜 사람들이 오히려 독서를 더 많이 한다'는 점이었어요. 그 결과를 보며 아들러는 이렇게 생각했습니다.

'어쩌면 불편함이나 부족함이 사람을 더 발전하게 만드는 원동력이 될 수 있겠구나!'

실제로 그 자신도 그랬습니다. 아들러는 어릴 적부터 형과 동생에 비해 열등감을 많이 느끼며 자랐습니다. 형은 모든 면에서 완벽한 존재였고, 연년생 동생은 부모님의 사랑을 듬뿍 받으며 자랐습니다. 반면 아들러는 여러 질병을 앓으며 몸도 허약했고, 키도 작았으며, 시력도 매우 나빴습니다. 게다가 어린 시절 두 번이나 죽음의 문턱을 넘기도 했고요. 수학을 너무 못해 학교 선생님은 아들러에게 차라리 구두 수선공이 되라고 권할 정도였습니다.

하지만 이런 부족함이 그에게 의사가 되고자 하는 꿈을 심어주었습니다. 죽음과 질병에 대한 두려움은 그를 더 열심히 공부하게 만들었고, 결국 비엔나대학교 의과대학에 합격할 수 있었습니다. 아들러는 '열등감'을 무기로 꿈을 이루어냈습니다.

이후 아들러는 열등감에 더 깊이 관심을 갖게 되었고, 결국 의사가 아닌 심리학자의 길을 걸었습니다. 당시 그 분야에서 가장 유명했던 프로이트를 찾아가 정신분석학을 배우기도 했죠. 그러나 모든 인간의 행동을 성적 욕구로 해석하던 프로이트의 이론을 비판하면서 두 사람은 결별하게 되었습니다. 아들러가 심리학계에서 점점 더 영향력을 갖게 되자, 사람들은 그가 프로이트의 후광을 입었다는 말을 하곤 했습니다. 이에 대해 아들러는 이렇게 말했어요.

"거인의 어깨 위의 난쟁이는 그 거인보다 훨씬 멀리 볼 수 있다."

이 말은 아들러가 학계의 거인과 같은 프로이트의 영향력을 인정하는 동시에, 자신 스스로 그 한계를 뛰어넘고자 했던 정신을 보여줍니다. 열등감을 원동력 삼아 더 나은 인간이 되고자 했던 아들러의 자부심이 느껴지기도 하고요.

지금 성적이 낮은가요? 외모가 만족스럽지 않나요? 덩치가 작아 무시당하나요? 괜찮아요. 이 모든 걸 다 갖춘 사람은 세상에 없을 뿐 아니라 그런 사람은 노력할 필요도 잘 느끼지 못합니다. 제가 입시 판에 있으면서 좋은 머리 믿고 설렁설렁 공부하다가 망한 학생을 얼마나 많이 봤는지 모릅

니다. 생각해 보세요. 세상 모든 것을 이미 다 가진 사람이
뭐 하러 죽을힘을 다해 노력하겠어요?

일본 아사히신문이 '지난 1000년간 일본 최고의 경영인'
을 뽑는 설문조사를 했는데요. 압도적으로 1위를 차지한 사
람은 '경영의 신'이라 불리는 마쓰시타 고노스케였습니다.
실제로 일본 국민이 가장 존경하는 경영인이지요. 세상을
떠날 당시 그는 570개의 계열사와 13만 명의 직원을 거느린
전 세계 20위권 대기업의 총수였습니다.

그러나 그의 학력은 초등학교 중퇴가 전부였습니다. 집
안이 너무 가난해서 8남매 중 대부분의 형제자매들은 결핵
과 전염병으로 세상을 떠났고 혼자 살아남은 것이었죠. 경
영자가 된 후 그는 자신이 성공할 수 있었던 비결에 대해 이
렇게 말했습니다.

"나는 하느님이 주신 세 가지 은혜 덕분에 크게 성공할
수 있었다. 첫째, 집이 몹시 가난해 어릴 적부터 구두닦이,
신문팔이 같은 고생을 통해 세상을 살아가는 데 필요한 많
은 경험을 쌓을 수 있었다. 둘째, 태어났을 때부터 몸이 몹

시 약해 항상 운동에 힘쓰고 소식(小食)했기 때문에 건강을 유지할 수 있었다. 셋째, 나는 초등학교도 못 다녔기 때문에 모든 사람을 나의 스승으로 여기고 누구에게나 물어가며 배우는 일을 게을리하지 않았다."

부족했지만, 그 부족함을 알고 보완하고자 했던 노력이 그를 일본 최고의 경영자로 만든 것입니다.

오히려 열등감이 크면 그만큼 노력해야 할 이유가 많아지고, 부족함을 채우기 위한 강력한 동기가 생깁니다. 그러니 부족한 자신을 절대로 미워하지 마세요. 그런 자신을 사랑하고 존중할 때 열등감은 엄청난 동기로 변할 테니까요.

나를 사랑하는 가장 좋은 방법

○

우리는 종종 좋아하는 게임을 하거나, 맛있는 치킨을 먹거나, 갖고 싶던 비싼 물건을 사면서 스스로를 위로하고는 합니다. '오늘 하루 정말 고생했으니 나를 위해 이 정도는 괜찮아' 하면서요. 물론 그런 작은 행복은 우리 인생에 꼭 필요합니다. 게임을 하면서 잠시나마 팍팍한 시험 스트레스에서 벗어나고, 비싼 물건을 사면서 특별한 사람이 된 것 같은 설렘을 느끼기도 하죠. 저는 가끔 치킨을 먹으면서 살아 있다는 행복을 느낍니다.

그런데 그런 종류의 행복이 얼마나 오래가던가요? 사실 저 여러분에게 말도 안 하고 방금 혼자 헤이즐넛 총총 박힌 탁구공만 한 초콜릿을 먹었는데요. 그 달콤함이 딱 1분 간 것 같아요. 너무 짧아서 하나 더 먹어야겠습니다. 이런 순간의 행복은 충만하게 채워졌다기보다는, 오히려 더 공허해진 것 같은 느낌을 불러일으키기도 합니다.

몇 시간이 지나면 게임은 끝나고, 통통했던 치킨은 뼈만 남고, 비싼 새 물건도 그저 그런 헌 물건이 되어버립니다. 이런 것들은 잠깐의 행복을 주지만, 내 삶을 근본적으로 바꿔주진 않습니다. 지나가버리면 또 다시 채워야 하고, 심지어는 더 많은 것을 원하게 되기도 하죠.

공부하기로 마음먹었는데 하루 종일 쇼츠만 보거나 게임만 하는 경우는 어떤가요? 허무하게 보내버린 그날, 여러분의 기분은 어땠나요? 정말 뿌듯하고 보람차고 후회가 1도 없던가요? 아마 아니었을 겁니다. 저도 그런 날들이 꽤 있었거든요. 학창 시절 부모님 몰래 컴퓨터 게임을 하던 시절 말이죠.

한밤중에 가족들이 모두 잠들면 저는 불 꺼진 방 안에서 컴퓨터 게임을 했습니다. 손에 땀을 쥐며 게임을 하고 있는데 하필 그날 너무 잘 풀리는 거예요. 이런 날은 제대로 한번 '땡겨' 줘야죠. 한창 몰두하고 있는데 갑자기 뭔가 이상한 느낌이 들었습니다. '동생 놈이 화장실 갔다가 또 불을 켜놨던가? 왜 이렇게 밝은 거지?' 하고 고개를 들었는데, 놀랍게도 창밖에서 장엄한 해가 떠오르고 있는 것이었습니다.

'해가 뜨다니!' 분명 착각일 거라 생각했습니다. 하지만 당연히 아니었어요. 밤을 꼬박 새운 겁니다. '아… 이거 큰일 났다' 하는 생각이 스멀스멀 올라오는데, 그 순간에도 저는 게임에서 이겼고 재미있었으니 됐다며 스스로를 달래보려고 했습니다.

제가 그토록 좋아하는 게임을 5시간 넘게, 그것도 물 한

모금 마시지 않고 한자리에서 해냈으니 제 자신을 정말 사랑하는 최고의 선택을 한 걸까요? 장엄한 태양의 등장을 보며 제 마음도 웅장해지고, 마치 새해 첫날 산 정상에서 가장 먼저 해돋이를 맞이하는 것 같은 그런 뿌듯함을 느꼈을까요? 아니요, 너무 허무했습니다. '새벽 3시쯤 됐겠지' 했는데 이미 아침이 된 걸 알고는 온몸에 힘이 쭉 빠졌습니다. 부모님께 들킬까 봐 밤새 긴장한 상태로 꾸부정하게 앉아 있었더니 어깨며 허리는 온통 뻐근하고, 눈꺼풀은 무거워서 툭 떨어지려고 하는데 학교에는 가야 하니 정말 죽을 지경이었습니다.

순간의 쾌락과 행복을 느낄 수 있는 일이라도, 그게 내게 진짜로 도움이 되는 일은 아닐 수 있습니다. 그 순간의 즐거움이 지나고 나면 남는 건 후회와 허탈함일 수 있고요.

그런데 공부는 달라요. 결과가 곧바로 눈에 보이지도 않고 과정도 쉽지 않을 때가 많지만, 공부는 어떤 식으로든 내 삶에 도움이 되는 확실한 투자입니다. 하면 할수록 내 안에 쌓이는 것들이 나를 더 크게, 더 깊이 생각하는 사람으로 만들어줄 테니까요. 앞으로 겪을 인생의 많은 순간들을 더 멋지고 풍요롭게 만들어줄 거고요.

공부는 내가 꿈꾸는 미래를 향해 나아가는 과정인 만큼 나 자신에게 더 많은 기회를 주고, 세상을 더 넓게 바라보는 시각을 갖게 해줍니다. 또한 우리 모두가 아는 것처럼 공부를 통해 우리는 더 많은 선택을 할 수 있고, 내가 원하는 삶에 한 걸음 더 가까워질 수 있죠.

그리고 무엇보다 중요한 건 공부는 단지 꿈을 이루기 위한 수단이 아니라, 내 안에 있는 가능성을 발견하는 과정이기도 하다는 것입니다. 내가 몰랐던 나의 능력, 드넓은 세상에 대한 호기심, 그리고 그 모든 것을 이루기 위한 나의 열정까지, 이 모든 것이 공부라는 과정을 통해서만 발휘됩니다. 그래서 공부는 나를 더 깊이 이해하고, 나의 진짜 가치를 발견하는 여정이라 할 수 있습니다.

게다가 오직 공부만이 줄 수 있는 만족감과 희열이 분명 있습니다. 여러분도 느껴본 적 있나요? 정말이지 그것을 경험해 보지 못한 채로 삶을 마감한다면 갓 튀겨 나온 바삭바삭한 치킨 맛을 평생 한 번도 못 보고, 세상 재미있다는 박스오피스 1위 영화를 영영 안 보고 사는 것과 다름이 없을 거예요. 실제로 행복에 대한 거의 모든 연구에서는 '학습과 배움을 통한 성장'이 진정한 행복을 느끼기 위한 조건으로 늘 빠지지 않습니다.

어떤가요? 순간의 쾌락에 마음을 빼앗기기보다 나를 위해 공부하고 더 나은 사람이 되도록 노력하는 것이 나를 진정으로 사랑하는 길 아닐까요? 공부는 내가 지금의 나에게, 그리고 미래의 나에게 줄 수 있는 가장 좋은 선물입니다.

딱 한 번만 나에게
성취감을 선물해 보세요

공부하기로 결심하고 무작정 독서실부터 등록했습니다. 제 스스로 공부하겠다고 돈을 내고 독서실에 가본 건 처음이었어요.

보통 스터디카페 같은 공부하는 장소는 최대한 집 근처 편한 곳을 찾잖아요. 그런데 저는 일부러 집에서 꽤 멀리 떨어진 독서실을 선택했습니다. 우리 학교 친구들도 없었고, 그 사건 이후로 친구들 보기도 왠지 부끄러웠거든요. 옆에 친구가 있으면 산만한 제가 또 수시로 놀러나갈 게 뻔했습니다.

멀리 있는 독서실을 다니니까 오히려 좋은 점들이 있습니다. 조금만 공부하기 싫어도 집에 올 게 뻔했는데 막상 거리가 제법 되니까 돌아가기도 귀찮더라고요.

사람은 원래 이렇게 단순합니다. 뷔페에서 과식하는 사람들의 무릎에 식탁보를 깔게 했더니 무슨 일이 벌어졌는지 아시나요? 음식을 가져다 먹는 횟수가 줄어들었다는 게 실험으로 밝혀졌어요. 식탁보를 치웠다가 다시 올리는 그 간단한 행동도 귀찮아서 그냥 앉아 있는 거예요.

집도 멀겠다, 아예 하루 종일 독서실에서 살기로 작정했습니다. 그리고 그걸 진짜 실행에 옮겼어요. 아침 일찍부터 독서실에 갔죠. 특별한 전략이나 묘책도 없었고요. 아파도 독서실에서 아프고, 쓰러져도 그곳에서 쓰러지자는 마음으로 무조건 독서실에 있겠다는 생각뿐이었습니다. 그럴 수밖에 없었던 것이, 공부를 시작했지만 제게는 형도 누나도 없었고, 부모님도 대학을 나오신 분들이 아니었거든요. 사촌들을 포함해 친척들도 마찬가지였습니다. 공부를 어떻게 해야 하는지 어깨너머라도 볼 기회가 없었고, 물어볼 사람도 없었어요.

같이 놀 친구도 없겠다, 집에서도 멀겠다, 지루해도 독서실을 나올 수 없었습니다. 사람들이 왜 공부하러 절에 가고 산속으로 들어가는지 조금은 이해하게 됐어요.

온갖 잡생각이 나고 몸이 근질거리며 답답해도 그냥 앉아 있었습니다. 죽이 되든 밥이 되든 죽치고 앉아 있는 것이 그나마 제가 시도할 수 있는 전략이라면 전략이었죠. 사실 그때는 공부하는 데도 방법 같은 게 따로 있다는 걸 몰랐습니다. 그저 책상에 앉아만 있으면 다 되는 줄 알았습니다.

물론 책상에 혼자 앉아 있는 건 상당히 어려웠습니다. 그러다 문득 좋은 방법이 떠올랐는데요. 독서실 이용권을 발급하고도 오지 않는 사람들이 대부분이었는데, 제가 앉은 라인의 가장 끝에 하루 종일 바른 자세로 앉아 묵묵히 공부만 하는 분이 계셨거든요. 두꺼운 책을 보고 책 스탠드까지 있는 걸로 봐선 아마 고시생이었던 것 같아요. 그분을 보면서 마음속으로 다짐했습니다.

'그래, 저분만큼 해보자. 나도 한번 이겨보자.'

평소에는 지레 겁먹고 도전도 안 하거나, 어쩌다 도전해도 매번 지는 저였지만 그때는 혼자서 비장한 내기를 했습니다. 그분이 일어나기 전까지 절대 일어나지 않겠다고요.

하지만 당연히 쉽지 않았습니다. 그분, 정말 장난 아니셨어요. 한번 자리에 앉으면 미동도 없이 돌부처럼 공부만 하셨습니다. 제가 한참 엎드려 자고 일어나도 그분은 변함없이 그 자리에 계셨습니다. '공부하는 로봇인가?' 아니면 '앉은 채로 돌아가신 건 아닌가?' 하는 생각이 들 정도였어요.

어떻게든 그분이 공부하는 시간만큼 저도 공부하려고 노력했습니다. 공부가 안 돼 딴생각을 하더라도, 그분이 자리에서 일어나기 전까지는 저도 일어나지 않겠다고 버텼습니다. 그러면서 묘한 긴장감이 느껴지기 시작했습니다. 물론 저 혼자만 느끼는 감정이었지만요.

그러던 어느 날, 화장실에서 우연히 그분과 마주쳤습니다.

"중학생이니? 어느 학교 다니니?"

전혀 예상치 못한 질문이라 당황한 마음에 기어드는 목소리로 겨우 대답했습니다. 그러자 그분이 한마디 더 하셨어요.

"공부 정말 열심히 하는구나. 너 전교 1등 아니니?"

너무 터무니없는 말이라 속으로 웃음이 터져 나왔지만 묘하게 기분이 좋더라고요. 공부 잘하는 학생처럼 보이는 게 나쁘지 않았습니다. 전교 1등이냐는 말을 듣고 나니 더 더욱 그분에게 지고 싶지 않다는 생각이 들었습니다. 독서실에서 하는 저 혼자만의 경쟁은 점점 더 치열해졌어요. 저에게는 일종의 오래 앉아 있기 시합과도 같았습니다.

이렇게 매일같이 저만의 라이벌과 씨름한 덕분에 용기를 얻을 수 있었습니다. 그래서 이제는 진정한 라이벌을 한 번 넘어보자고 마음먹게 되었죠. 지금까지 한 번도 제대로 넘어보지 못한, 하지만 반드시 넘어야 하는 존재. 바로 저 자신이었습니다. 그 도전은 너무나도 힘들었지만, 그럴 가치가 충분히 있었습니다. 돌이켜 보건대 그 시도는 제 인생을 송두리째 바꿔놓았습니다.

감히 한계에 도전하다

○

'공부 열심히 하면 코피가 나온다던데 나는 언제쯤 나오는 걸까?'

'내가 과연 하루에 몇 시간이나 공부할 수 있을까?'

독서실에서 고시생 아저씨와 경쟁하듯 오래 자리에 앉아 있다 보니 문득 이런 생각이 들더군요. 그땐 무엇보다 '4당5락'이라는 말이 유행했거든요. 4시간 자면서 공부하면 합격하고, 5시간 자면서 공부하면 떨어진다는 뜻입니다. 그때도 제가 얼마나 어리바리했냐면, 저는 그 말을 철석같이 믿었습니다. 제게 입시나 공부에 대해 조언해 줄 사람이라곤 한 명도 없었으니까요.

정말로 그만큼 잠자는 시간을 줄이고 하루 종일 공부만 한다면 인간이 24시간 동안 공부할 수 있는 시간이 얼마나 되는지 계산해 봤습니다. '18시간'이 나오더군요. 바로 이 계산에서 시작된 것이 현재까지도 '공신닷컴'에서 선풍적인 인기를 끌고 있는 '18시간 공부'입니다.

과연 그렇게 공부하는 게 가능할지 의심이 되었지만, 일단 도전해 보기로 했습니다. 하루에 18시간 공부하려면 잠을 4~5시간으로 줄이는 건 기본이고, 식사 시간도 신경 써야 했습니다. 그래서 밥은 독서실 옆 분식집에서 간단히 햄버거나 분식으로 해결했습니다. 게다가 가능하다면 공부를 하면서 동시에 끼니를 해결하려고 했습니다.

겨울방학이 되고 어느 날 드디어 저는 18시간 공부에 도전할 날짜를 잡았습니다. 그땐 '공부법'이라는 개념이 없던 시절이라 따로 스톱워치도 준비하지 않았습니다. 아니, 스톱워치를 공부에 쓴다는 것 자체를 몰랐습니다.

그냥 벽시계를 보면서 아침부터 밤까지 무작정 공부에 돌입했어요. 전날 충분히 잠을 자고, 독서실에 도착하자마자 책을 펴고 몰두했습니다. 그런데 정말 놀라운 일이 벌어졌습니다. 시계를 보니 이제 고작 1시간 정도 지난 거예요. 저는 최소 3시간은 지난 줄 알았거든요.

2~3시간이 지나자 책을 봐도 내용이 머릿속에 잘 들어오지 않았습니다. 18시간 공부하기로 마음먹어놓고, 고작 3시간 만에 지친 겁니다.

독서실에 다니면서 나름대로 오래 공부하는 데에 익숙해졌다고 생각했는데 저만의 완전한 착각이었습니다. 하루 종일 독서실에 앉아 있어도 제대로 집중하는 시간은 얼마되지 않았던 거예요.

만화 「드래곤볼」에 나오는 초사이언이나 그리고, 지우개 가루를 뭉쳐서 뭔가를 만들고, 책 귀퉁이에 만화를 그려서 빠르게 넘기며 영화처럼 만들어 보고⋯. 이게 그동안 제가 독서실에서 한 진짜 행동이었습니다. 만화 속 에너르기파 쏘는 장면을 그렸는데 아주 성공적이었던 기억이 나네요. 부끄럽지만, 지금 스터디카페와 독서실 모델을 하고 있는 강성태의 학창 시절 이야기가 맞습니다.

그래도 점심시간까지는 어떻게든 버텼습니다. 식사 시간이 되자 조금은 살 것 같았어요. 저는 원래 뭘 먹으면 세상만사 다 잊고 '급' 행복해지거든요. 그때는 나름 햄버거가 큰 보상이었어요. 그렇게 꿀맛 같은 점심시간이 지나고 오후가 되었습니다. 18시간을 채우려면 아직도 시간이 많이 남아 있었어요. 하루가 참 길다는 것을 새삼 실감했습니다.

밥을 먹고 나면 항상 그렇듯 그분이 찾아오셨어요. 쏟아지는 졸음 앞에 '잠들면 안 된다!'를 외치며 뺨을 때리고 세수를 하며 버텼습니다. 참다 참다 결국 어떻게 했냐면요. 잤어요. 책상에 얼굴을 파묻고 잤습니다. 단, 진동 알람을 15분 간격으로 맞춰놓고 휴대폰을 이마에 대고 잤어요. 알람이 울리면 머리가 '부르르' 떨리며 벌떡 일어났습니다. 그렇게 한동안 공부했습니다. 쪽잠을 자고 나니 컨디션이 좋아져서 집중이 잘됐습니다.

그렇게 저는 18시간 동안 공부를 무사히 이어갔을까요? 중간에 결국 뛰쳐나왔습니다. 너무 답답해서 저도 모르게 계단을 미친 듯이 오르내렸습니다. 누가 보면 제대로 미친 사람인 줄 알았을 거예요. 5층짜리 독서실에서 제가 할 수 있는 유일한 몸부림이었죠. 그런데 정말 신기한 게 하루 종일 공부를 하니까 자연스럽게 운동을 찾게 되더라고요. 혈액순환과 생존을 위해 그렇게 되나 봅니다.

생난리를 치며 그렇게 10시간쯤 공부하니까 정말 돌아버릴 지경이었습니다. 그래도 지금까지 고생한 게 아까워서 포기할 수는 없었죠. 어찌나 힘들었던지 저도 모르게 연습장에 '18시간 공부라니… 내가 미쳤지!'라는 낙서를 하기도 했어요.

지금이라도 포기하고 싶은 마음과, 이왕 시작한 거 끝까지 하자는 마음이 마구 싸우는 동안에도 꾸역꾸역 시간은 흘러갔습니다. 1시간마다 잠깐씩 일어나 물을 마시고, 스트레칭도 하고, 또 계단을 미친 듯이 오르내리며 온갖 발악이란 발악은 다 했습니다. 그렇게라도 하지 않으면 산만한 제 성격에 정말 돌아버렸을 겁니다.

저녁을 일찍 먹는 걸로 겨우겨우 버텼어요. 그때나 지금이나 단순한 저는 저녁을 신나게 먹으며 잠깐이나마 근심 걱정을 잊을 수 있었습니다.

그렇게 다시 책상에 앉았죠. 아까 쪽잠을 잤으니 이번에는 진짜로 괜찮을 줄 알았어요. 그런데 어김없이 책상에 머리를 얹고 잠이 들었습니다. 또다시 '우우웅~' 하는 진동에 벌떡 일어나 '나 안 잤는데?'라는 표정으로 다시 공부를 시작했습니다.

저녁이 되자 이제는 책을 들고 복도를 걸어 다니면서 공부했습니다. 세상에 이런 고문이 또 있을까요. 1시간이 10시간처럼 느껴지는 그 기분. 어느새 주변은 어두워졌고, 그날도 독서실에는 고시생 아저씨와 저만 남았습니다.

신기하게도 밤 10시가 넘어가니까 조금씩 집중이 되기 시작했어요. 몸과 마음이 모든 것을 내려놓은 기분이었거든요. 제가 공부를 하는 건지 공부가 저를 하는 것인지, 또 꿈을 꾸는 건지 꿈이 저를 꾸고 있는 건지 모호하게 느껴졌습니다.

마침내 새벽 1시가 되어 눈앞에 결승 테이프가 보이기 시작했습니다. 마지막에는 솔직히 너무 지쳐서 글씨가 눈에 잘 들어오지 않았지만 여기서 포기할 순 없었죠. 마음을 다잡고 끝까지 참아냈습니다. 그 결과 마침내 저는 해낼 수 있었습니다. 하루 18시간 공부를요.

오직 그 순간만 느낄 수 있는 짜릿함

○

처음엔 저도 확신이 없었습니다. '18시간 공부라니… 그게 과연 가능할까?' 인간이 할 수 있는 일이 아니라고 생각했어요. 그런데 그 불가능하다고 생각했던 일을 제가 해낸 거예요.

물론 모든 과정이 완벽하진 않았습니다. 집중력은 바닥을 쳤고, 중간중간 미친 사람처럼 계단을 뛰어다닌 시간도 있었죠. 그렇지만 중요한 것은, 제가 목표한 바를 해냈다는 사실 그 자체였습니다.

주섬주섬 가방을 싸는데 이상하게 기분이 좋아지기 시작했습니다. 분명한 건 18시간 공부가 끝났다는 안도감 때문만은 아니었어요. 뭔가를 해냈다는 묘한 성취감이 온몸을 휘감았습니다. 집으로 돌아가는 발걸음은 어찌나 가볍던지요. 지쳐 쓰러져야 정상인데 오히려 기운이 솟아나는 거예요. 내심 기대했던 코피는 한 방울도 나지 않았습니다. 코피 한 방울이 제 노력을 증명해 줄 거라 생각했는데, 그럴 필요도 없었던 거예요.

오히려 이런 생각이 들더라고요. '생각했던 것보다 할 만하다!' 사람이 정말 간사하죠? 불과 몇 시간 전에는 돌아버릴 것 같았는데, 끝나고 나니 그 모든 게 별것 아니게 느껴졌습니다. 나 자신과의 싸움에서 승리한 이 순간을 누구라도 붙잡고 자랑하고 싶었습니다. "저 오늘 18시간 공부했어요! 제가 해냈다고요!"

그날 하루만큼은 저보다 더 오래 공부한 사람이 없을 거란 확신이 들었어요. 늘 작고 초라하게만 느껴졌던 제가 그날만큼은 그야말로 전국 수석이었습니다. 어제까지는 지질했던 강성태였고, 미래에 잘될지 아닐지 장담할 수 없었지만 그래도 그날 저는 1등이었습니다.

실제로 절대적인 공부 시간을 확보하니까 다르긴 하더라고요. 공부의 질은 둘째 치고, 그날 공부한 양을 다 합쳐보니 얇은 문제집 한 권은 족히 돼 보였습니다. 제 자신이 얼마나 대단한지 실감했죠. '마음만 먹으면 일주일에 문제집 한 권도 해치울 수 있겠구나!' 하는 자신감이 생기기 시작했습니다.

'내가 매일 18시간 다 채워 공부하진 못하겠지만, 앞으로 이렇게 공부에 모든 걸 쏟아붓는다면 나도 공부를 잘할 수 있게 되지 않을까?'

한 가지 분명한 건 그날이 제 인생의 전환점이 되었다는 것입니다. 자신을 믿게 된 첫날이었으니까요. 감히 전교권에 들 수 있지 않을까 하는 기대도 품게 되었습니다. 이제는 1~2시간 공부하는 게 마치 식은 죽 먹기처럼 느껴졌어요.

무엇보다도 그 성취감, 내가 내 한계를 넘어섰다는 그 짜릿한 기분은 지금도 잊을 수 없습니다. 마치 제 안에 숨어 있던 괴물이 깨어난 것만 같았죠. 그 괴물의 이름은 '자신감'이었습니다.

솔직히 고백하자면 아직도 저는 그날의 기억으로 살아갑니다. 집으로 돌아가는 길, 적막한 거리, 불 꺼진 네온사인. 모두가 책을 덮고 돌아갔지만 마지막까지 남아 공부에 매달렸던 그날의 기억, 마침내 알게 된 최선을 다했을 때의 희열. 그날 집으로 돌아가는 길은 추웠지만, 마음만큼은 뜨거운 성취감으로 가득 차 있었습니다.

누구든 한계를 넘어설 수 있다

○

"강성태처럼 하루에 18시간 공부해서 서울대 정문 부수고 합격한다."

"말 길게 안 한다. 10일의 전사 모집한다! 하루 18시간씩 공부해서 공무원 합격증 들고 강성태 만나러 간다."

'공신닷컴'에서 18시간 공부한 경험을 이야기한 뒤로 수도 없이 이런 댓글이 올라옵니다. 인터넷 커뮤니티에서도 자주 보이고요.

그런데 분명히 말씀드리고 싶은 게 있습니다. 제가 중학교 3학년 올라가는 겨울방학 때 도전했던 이 하루 18시간 공부는 웬만하면 하지 마세요. 물론 체력이 충분하고 상황이 급박하다면 도전할 수도 있겠지만, 정말 특별한 경우가 아니라면 말리고 싶어요. 제가 진짜 이야기하고 싶은 것은 '18시간'이라는 숫자 그 자체가 아닙니다.

당시 제게는 더는 물러설 길이 없다는 절박함이 있었습니다. 저를 괴롭히던 친구들에 대한 분노도 컸죠. 한동안 독서실에 다니며 고시생으로 보이는 아저씨를 경쟁자 삼아 진득이 공부하는 게 어느 정도 훈련되어 있었기 때문에 그나마 성공할 수 있었습니다. 10시간 넘어간 뒤로부터는 하고야 말겠다는 오기가 생겼고, 지금까지 한 게 아까워서라도 포기하지 않았습니다.

게다가 사실 18시간이나 공부했지만 '집중의 질'은 너무 좋지 않았습니다. 다음 날에는 녹초가 되어 온전히 하루를 보낼 수도 없었죠. 겨울방학이었기 때문에 가능했던 일입니다.

물론 그런 도전을 한다는 것 자체만으로 칭찬받아야 마땅합니다. 실패한다고 해서 무언가를 크게 잃는 것은 아니지만, 혹시라도 좌절감을 느낄까 봐 걱정이 되어서 하는 말이에요. '공신닷컴'이나 유튜브에서 몇 번 강력히 말씀드렸지만, 아직도 '18시간 전사들'이 판을 치고 있습니다. 기세만 보면 조만간 우주 정복도 가능할 것 같은데요. 현실은 우주는커녕 8시간도 못 돼서 장렬히 전사하는 경우가 많습니다.

성공하지 못했다고 실망하지 마세요. 8시간이든 2시간이든 해냈다는 사실에 집중하길 바랍니다.

제가 전하고 싶은 진짜 메시지는 '한계'입니다. 단 한 번이라도 내 한계를 깨보라는 거예요. 지금까지 2시간도 집중해 본 적 없다고요? 그렇다면 2시간을 목표로 한계를 깨보는 하루를 만들면 됩니다. 꼭 시간이 아니어도 괜찮습니다. 예를 들어 매일 영어 단어 30개를 외웠다면 오늘은 33개를 목표로 삼아볼 수도 있겠지요.

여러분은 한계를 넘어서는 경험을 해본 적이 있나요? 오르지 못할 것 같던 산 정상에 올라섰을 때의 그 짜릿함과 상쾌함, 게임에서 지금까지 도달하지 못했던 레벨과 아이템에 접근하는 그 순간, 3년간 마라톤에 도전했다가 마침내완주하는 바로 그 순간! 그때의 성취감은 우리의 도파민을마구 분비시키죠. 그 성취감이 너무 크기 때문에 그것을 또느끼고자 계속 도전하게 되는 것입니다. 성공한 사람들은모두 예외 없이 이런 성취감 때문에 계속 나아갈 수 있었던거예요.

무엇보다도 한계를 깼을 때 여러분은 전혀 다른 사람이됩니다. 영어 단어 10개를 외우던 사람에서 20개를 외워본사람이 되는 것이고요. 동네 뒷산을 오르던 사람이 한라산정상까지 완주한 사람이 되는 거예요.

완전히 새로운 세상이 보일 겁니다. 여러분이 지구상에서 가장 높은 에베레스트산을 등반했다고 생각해 보세요.백두산이 높게 느껴질까요? 아닐 겁니다. 물론 백두산도 엄청난 산이고 만반의 준비를 한 뒤 등반해야 하지만, 8848미터 에베레스트산을 오른 사람에게는 2744미터 백두산이 동네 언덕 수준으로 느껴질지도 모릅니다. '심심한데 정상에 가서 컵라면 하나 먹고 올까?' 하는 정도로 보일지도 모른다고요. 즉, 세상이 다르게 느껴질 것입니다.

　나중에야 엄청나게 큰 도전을 해볼 수도 있겠지만, 처음에는 가능한 범위에서 시작해 보세요. 그렇다고 개미 눈곱만한 목표를 정하지는 마시고요. 어떤 책에서는 최대한 작은 목표를 세워서 성취감을 맛보라고 이야기하는데요. 저는 여러분의 능력을 믿습니다. 목표가 너무 작으면 시시하고, 늘 해오던 것이라면 더더욱 성취감을 느끼기 어려워요. 성에 안 차는 거죠.

　예를 들어 줄넘기 100개를 할 수 있는 사람인데 30개를 한다고 해서 엄청난 기쁨이 몰려오고 세리머니까지 하고 싶은 마음이 들진 않잖아요. 나의 수준에 맞춰서 목표를 정해야 해요. 건강에 해를 끼칠 정도의 목표도 안 되겠지만 너무 쉬운 목표도 의미가 없어요. 정답은 정해져 있습니다. 여러분이 넘어서지 못한 그 한계치 혹은 경계선까지 나아가는 것입니다.

　처음으로 공부해 보기로 마음먹었다면 공부 시간으로

목표를 정하는 게 좋습니다. 베이스가 없는 상태에서 점수나 등수를 목표로 하면 실망하기 쉽거든요. 점수는 처음부터 바로바로 오르지 않을 수 있고, 등수는 내가 아무리 잘해도 남들도 잘한다면 성취감을 느낄 수 없죠.

도전하는 과정에서 집중을 못했다고 좌절할 필요도 없습니다. 하는 동안 딴 짓하지 않고, 휴대폰을 보지 않고 버틴 것만으로도 대단한 것입니다. 조급해하지 말고 스스로에게 충분히 칭찬해 주세요.

누구나 크고 작은 한계를 넘어설 수 있습니다. 심지어 하루 안에도 충분히 가능하답니다. 특별한 사람만이 한계를 깨는 게 아니에요. 공부를 이제 막 시작하는 사람도, 꿈을 위해 도전하는 사람도 모두 해볼 수 있습니다.

자신의 한계에 도전하고 이를 극복했을 때 느끼는 감정은 말로 다 표현할 수 없어요. 지금까지 경험하지 못했던 벅찬 감동과 기쁨이 찾아옵니다. 그 감정을 통해 여러분 자신을 자랑스럽게 여기고 사랑하게 될 거예요. 여러분이 해낼 수 있는 사람이었다는 것을 비로소 깨닫게 될 것이고요. 지질하기 짝이 없던 저 강성태가 그랬던 것처럼요.

나의 한계를 깨보는 날 :　　　년　　월　　일

도전할 한계 :

‘나중에 시간이 되면 적어야지’라고 생각했나요?
지금 안 하면 결국 안 하게 됩니다.
나중에 수정해도 괜찮으니
일단 바로 적어보세요.

설마 안 적고 페이지 넘기려는 건 아니겠죠? :)

나를 사랑하는 법을
배우는 과정

여러분은 공부하면서 좌절할 거예요. 배신감도 느낄 거고
요. 열심히 했는데도 결과가 기대에 미치지 못할 때는 짜증
이 나거나 스스로를 부정할 수도 있습니다. '이렇게까지 열
심히 했는데 왜 결과가 안 나오지?' 하며 책을 찢어발기거나
다 부숴버리고 싶다는 분노를 느끼기도 합니다. 실력은 오르
는 것 같은데 등수가 받쳐주지 않을 땐 공부할 마음이 뚝 떨
어지기도 하고요. 누구에게나 그런 순간이 찾아옵니다. 저도
물론 그랬고요. (솔직히 말하면 책 찢고 부수고 하는 거 다 제 이야기
입니다.)

제가 저주를 퍼부은 것 같다고요? 사실 지금껏 규명된 뇌

과학에 따르면 이건 학습의 필연적인 과정입니다. 학습은 뇌가 변화하는 과정인데요. 뇌에 새로운 네트워크와 회로가 생기니 외국어로 말하는 능력이 생기고, 몰랐던 것을 기억할 수 있는 것이죠. 그리고 그 과정은 엄청나게 많은 에너지를 필요로 합니다. 우리의 뇌는 체중의 2퍼센트에 불과하지만 사용하는 에너지는 20퍼센트에 달하니까요. 그래서 제대로 공부하고 나면 배가 고픈 겁니다. 다이어트를 하고 싶으면 공부하라는 말이 괜히 나온 게 아니에요. 그렇기에 공부하면서 힘든 감정이 전혀 느껴지지 않는다면 뇌가 변하고 있지 않다는 증거입니다. 공부를 열심히 하고 있는데 계속 무언가가 쉽게 풀리고 있다면? 좋아할 게 아니라 오히려 내 공부법이 잘못됐는지 확인해야 합니다.

그래서 내가 너무 쉬운 것만 붙들고 있는 건 아닌지 생각해 봐야 합니다. 유치원생이 공부하는 덧셈 문제는 쉽게 풀수 있지만, 그런 게 나에게 도움이 되나요? 혹은 책상 앞에 앉아 눈은 문제집을 바라보지만 머릿속은 빵 먹을 생각으로 가득하다면 뇌가 편안한 상태일 겁니다.

시도 때도 없이 고통스러울 수밖에 없는 것이 공부인데

자신을 사랑하고 존중하는 법을 모른다면 아마도 여러분은 스스로를 학대하고 상처 입히게 될 거예요. 여러분, 성적이 안 나오는 건 괜찮습니다. 공부법을 알려주든 동기를 부여하든 점수가 나오지 않는 문제는 제가 어떻게든 해결해 줄 수 있어요. 하지만 자신을 갉아먹고 미워하는 마음은 그 누구도 완벽히 해결해 줄 수 없습니다. 그런 여러분을 더는 지켜볼 수 없어요. 그동안 공부 때문에 그렇게 아파하고 심지어 자신의 삶을 마감한 학생들을 생각하면, 저는 도저히 견딜 수가 없습니다.

여러분의 가치는 결코 성적이라는 이름이 붙어 있는 숫자 따위로 매겨질 수 없습니다. 고작 몇 십 개의 시험 문제로 여러분의 잠재력을 다 측정할 수 있다고요? 그런 총각김치에 크림치즈 발라 먹는 것 같은 생각은 하지도 마세요.

세상에 그런 게 가능한 시험도 없을 뿐 아니라, 여러분 자신의 능력도 결코 고정되어 있지 않습니다. 지금보다 더 나아지려고 하는 게 공부잖아요. 능력이 고정되어 있다면 공부 자체가 필요하지 않겠죠.

다만, 잘못된 공부법으로 시간을 쏟고 있다면 원하는 만큼 효과를 보지 못할 수 있습니다. 하지만 제대로 된 방법으로, 포기하고 싶은 순간들만 잘 참아낸다면 공부는 무조건 됩니다. 분명 원하는 만큼 잘할 수 있어요.

사실 공부는 '자신을 사랑하는 법을 배우는 과정'입니다. 지식과 지혜를 통해 나를 성장시키고 꿈을 이루게 해주기 때문이기도 하지만, 그보다는 어려운 과정들을 하나하나 이겨내면서 자신에 대한 믿음과 확신을 차곡차곡 쌓아갈 수 있기 때문이에요.

영화를 한번 예로 들어볼까요? 등장인물들은 숱한 시련을 통해 사랑을 깨우치곤 합니다. 서로 치고받고 욕하고 미워하다가도 지진이나 전쟁, (심지어 입도 제대로 못 닫아 침을 질질 흘리면서 익룡 소리를 내는) 좀비 떼들이 쳐들어오는 등 험난한 삶의 시련들을 이겨내는 과정에서 가족과 연인, 또 자신의 삶에 대한 소중함을 알게 됩니다.

나를 죽이려고 덤벼드는 것 같은 킬러 문제나 외계인이 내뱉어놓은 것 같은 영어 지문 등 여러 공격을 받겠지만, 이에 굴하지 않고 자신을 지켜내는 법을 배우는 과정이 바로 공부입니다. 그런 공격을 이겨낼 때마다 여러분의 방어력은 올라갑니다. 각종 문제 해결법과 개념, 지식을 쌓을 땐 공격력이 커지고요.

삶에서 공부에만 어려움이 있는 것은 아니에요. 나중에 취업을 하거나 사업을 할 때도 분명 어려움을 겪게 될 겁니다. 업무 내용이 이해가 안 될 때도 있고, 프로젝트가 잘 풀리지 않을 때도 있어요. 벼락치기 공부하듯이 갑자기 상사가 내일까지 말도 안 되는 문서를 준비하라고 지시하기도 하죠.

지금 이 시기에 우리가 공부하는 과정을 잘 이겨낸다면 그런 99레벨의 흉측한 '보스몹' 같은 난관을 마주쳐도 버텨낼 수 있을 거예요. 그쯤 되면 우리는 강화된 멘탈 갑옷을 150겹 정도 껴입고, 각종 마법에 필살기까지 터득하고 있을 테니까요.

여러분은 자신을 어떻게 대하나요?

○

이 세상 모든 종교는 우리의 몸과 마음이 신에게서 온 것이라 믿습니다. 그래서 종교의 기본 전제는 '스스로를 사랑하는 것'입니다. 우리 자체가 신의 일부이자 선물이니까요. 거의 모든 종교에서 스스로 목숨을 끊는 것이 가장 큰 죄라고 가르치는 것도 같은 이유에서입니다. 자신을 사랑하지 못한다면 진정으로 신을 믿는 것이라 할 수 없을지도 모릅니다.

여러분이 수십억짜리 그림에 투자했다고 생각해 봅시다. 때라도 묻을까 봐 애지중지하면서 소중히 다룰 것입니다. 적어도 라면 받침으로 쓰진 않겠죠.

그 정도로 값비싼 물건이 아니더라도 오랜 시간 돈을 모아 산 프라모델이나 모처럼 큰맘 먹고 산 비싼 옷, 한정판 운동화, 며칠 전 드디어 바꾼 신상 휴대폰 같은 것들 있잖아요. 흠집 날까 봐 애지중지 다루죠. 절대 휙휙 던지거나 깔고 앉지 않을 거예요.

또 좋아하는 아이돌을 누가 흉이라도 보면 버럭 화부터 내는 친구들도 있습니다. 좋아하는 만큼 지켜주고 싶은 마음이 드는 거예요. 연예인이 기르는 강아지의 치질 수술 날짜까지 챙기는 친구들도 있어요. 그러면서 정작 자신에게는 무심하게 굽니다. 여러분이 그 강아지보다 못한 존재가 아닐 텐데 말이죠.

이쯤에서 질문 하나 해볼게요. 앞서 말한 것들이 여러분 자신보다 더 귀합니까? 아니요, 여러분은 그 모든 것을 다 합친 것보다 수천수만 배 더 소중합니다. 가진 물건은 아끼면서, 좋아하는 아이돌에게는 목숨이라도 바칠 기세면서 그와 비교할 수 없이 귀중한 여러분 자신을 하찮게 생각하고 있진 않나요?

부탁드리건대, 소망하건대, 애원하건대 제발 자기 자신을 사랑해야 합니다. 명심하고 또 명심하세요. 여러분만큼 소중한 존재는 이 세상에 없습니다. 주변에서 무슨 말을 해도 이것만큼은 절대 변하지 않는 진리입니다.

나를 사랑하고 소중히 여기기에 아직은 스스로가 그리 대단하지 않다고요? 여러분, 태어난 것 자체가 대단한 것입니다. 살면서 해낼 수 있는 가장 큰일은 이 세상에 태어나는 것이고, 여러분은 이미 그 일을 해냈습니다. 그저 듣기 좋으라고 하는 말이 아닙니다. 만약 학부모님께서 이 책을 보고 계시다면, 자녀가 태어나준 것만으로도 감사하길 바랍니다. 실제로도 그게 초심이었잖아요. '무사히 세상에 나와만 다오', '건강하게만 자라다오'라며 소원하셨잖아요.

어떤 경우에도, 누가 뭐라 말하든 절대 자신의 존재 가치를 깎아내려선 안 됩니다. 여러분은 태어난 그 순간부터 무엇과도 바꿀 수 없는 가장 소중한 존재입니다.

공부를 못한다고요? 공부를 잘하는 사람만 사랑받을 수 있다고요? 그런 코미디가 어디 있나요? 기준은 또 무엇인가요? 그런 식이라면 저도 쓸모없는 사람이 됩니다. 저보다 공부 잘하는 분들이 얼마나 많겠어요? 공부를 잘하지 못해도 저마다의 개성으로 사랑받고 존경받는 사람들도 많습니다. 얼굴이 못생겼다고요? 개그맨이 아니더라도, 연예인처럼 생기지 않더라도 사랑받는 사람은 셀 수 없이 많습니다.

생각해 보세요. 대한민국에서 그 누구보다도 공부가 중요하다고 말할 법한 사람이 누구겠어요? 저 강성태입니다. 오죽하면 이름 앞에 붙는 말이 '공부의 신'이겠어요. 지금 그 사람이 말하고 있잖아요. 여러분이, 여러분의 미래가 공부보다 중요하고 소중하다고요.

세상 모든 사람이 여러분을 사랑할 필요도 없습니다. 모든 이에게 존경받을 필요도 없고요. 그건 애초에 불가능한 일이니까요. 예수님이나 부처님께서 우리가 사는 지금 이 세상에 오신다고 해도, 지금이 어느 시댄데 그런 공자님 같은 소릴 해대냐고 욕먹거나 사이비라고 악플이 수천 개는 달릴 겁니다.

남들의 시선을 기준으로 삼으면 세상에 할 수 있는 일은 하나도 없습니다. 그리고 언젠간 반드시 불행해져요. 그렇기에 적어도 여러분은 자신의 편이어야 합니다.

공부, 대학, 취업 이 모든 것은 그다음 문제입니다. 자신을 사랑할 수 없다면 공부를 아무리 잘해도 행복할 수 없습니다. 아니, 자신을 믿지 않으면 애초에 공부를 잘할 수 없습니다. 어떤 일도 꾸준히 해내기 어려워요.

때로는 남들이 인정해 주지 않는 것 같아도 괜찮아요. 진짜 중요한 건 내가 스스로를 인정할 수 있느냐는 거예요. 여러분은 충분히 소중하고, 이미 그 자체로 빛나요. 시험 성적, 학교생활, 교우 관계가 전부는 아니라는 사실을 분명히 기억하세요. 여러분의 가치는 그 너머에 있습니다. 꿈꾸는 것과 좋아하는 것, 스스로에게 귀를 기울이는 그 순간들 속에 있어요.

지금 읽고 있는 이 글이 마음에 와닿았더라도 어느 순간 잊게 될지도 모릅니다. 바쁜 일상 속에서 우리는 종종 중요한 것을 잊고 살기 마련이니까요. 또는 주변에 늘 여러분을 깎아내리는 사람이 있을 수도 있습니다. 한낱 종이 쪼가리인 성적표 때문에 짜증이 나고 기분이 나빠질 때마다 이 글을 다시 읽어보길 바랍니다.

이것은 여러분 자신을 위한 이야기이기도 하고 저를 위한 것이기도 합니다. 스스로를 사랑하고 소중히 여길 수 있다면, 그 생각을 여러분이 품어준다면 제가 '공신'을 시작하고 이 책을 쓰게 된 가장 큰 목적을 달성하는 것이니까요. 여러분이 그런 믿음을 가질 수 있다면 저는 너무나도 감사하고 또 감사해서 기쁨의 눈물을 흘릴 것입니다.

미안한데 정말 못생기셨어요

○

"죄송하지만 너무 못생기신 거 아닌가요?"
"혹시 앞으로 공부를 잘하게 될 거라고 생각하진 않죠?"

길을 가다가 어떤 사람이 여러분에게 이런 말을 했다고 생각해 봅시다. 당연히 기분이 나쁘겠죠. 어쩌면 기분 나쁘다는 생각조차 들지 않을 수 있어요. 그냥 '어디 좀 아프신 분인가 보다' 하고 넘어갈지도 모릅니다. 그런데 그거 아세요? 저는 여러분이 스스로를 대하는 모습을 우스꽝스럽게 표현하고 있는 거예요.

관광지에서 외국인이 여러분에게 사진을 찍어달라고 부탁하면 어떻게 하나요? 저는 마치 전문 사진사처럼 시키지도 않았는데 위에서도 찍어주고 아래에서도 찍어주고 가로로 세로로, 어떨 때는 바닥에 거의 누워서 찍어주기도 해요. 누군가 길을 물어보면 약속 시간을 지키기도 바쁜데 시간을 내서 직접 데려다주기도 하고요. 여러분도 마찬가지일 거예요. 처음 보는 사람일지라도 최선을 다해, 과도한 친절을 베풉니다.

다른 사람을 평가할 때는 또 어떤가요? 새로 옷을 사 입고 나타난 사람이 좀 흉측해 보여도 '이 넝마 쪼가리는 대체 어디서 사신 건가요?'라고 묻진 않잖아요. 친구가 큰돈 들여서 머리를 하고 왔는데 '솔직히 말하면 삽살개 같아…' 하고 말하지 않죠. '오, 이 헤어스타일은 시간이 갈수록 예뻐 보이는 스타일이다!' 이런 식으로 상대방이 실망하지 않게 기분을 살뜰히 챙기면서 듣기 좋은 이야기를 해줍니다. 지금 당장 가진 게 없더라도, 무언가를 새롭게 시작하는 사람에게 '너는 할 수 있어!'라고 응원하고요.

우리는 전혀 모르는 사람에게도, 다시 볼 일 없는 사람에게도 늘 친절하게 대합니다. 그런데 여러분 스스로에게는 어떤가요? 늘 그렇진 않더라도 남을 대하는 것의 절반만큼도, 그 반의반만큼도 잘 대해주지 않아요. 남을 대하는 것처럼 자신을 칭찬하고 배려하고 응원까지 한다면 여러분은 정말 뭐든 해낼 수 있을걸요?

여러분은 잘하고 있어요. 물론 천재가 아닐지도 몰라요. 그렇다고 바보도 아닙니다. 그 정도면 공부 잘하기 딱 좋아요. 똑똑한 것만 믿고 노력하지 않아서 실패하는 경우를 저는 수없이 봤습니다. 그것보다는 공부 잘하고 싶은 마음이 또렷한 게 훨씬 낫죠. 지금 이 책을 읽고 있는 것도 잘해보자는 마음이 조금이라도 있다는 증거잖아요.

여러분은 꽤 괜찮고 사랑스러운 사람이에요. 무엇보다 엄청난 가능성을 가진 존재랍니다. 수많은 학생의 멘토로 활동해 온 저에게 여러분은 가능성 덩어리이자 그 자체입니다.

'내가 할 수 없는 일이야.'
'나는 이 정도밖에 안 돼.'

하지만 여러분은 자신을 믿지 못해요. 무엇을 해도 안 될 거란 의심부터 하고, 외모를 비하하고 능력을 깎아내리고 있어요. 그런 일은 당장 멈춰야 해요. 이제 스스로에게 이렇게 한번 말해보세요.

"너 정말 수고 많았어. 힘든 날도 있었지만 잘 버텼어."
"앞으로도 괜찮아. 네가 가고 있는 길은 틀리지 않았어. 늦더라도 포기하지 않으면 결국 정상에 가게 될 거야."

처음에는 이런 말들이 어색하게 느껴질 거예요. 하지만 매일 다른 사람에게 따뜻한 말을 건넸던 여러분이잖아요.

그 마음을 조금만 자신에게 나눠주세요. 다른 누구보다 나 자신이 내 편이어야 해요. 나 자신이야말로 가장 소중한 사람이고, 평생 함께할 사람이니까요.

어쩌면 여러분이 가진 특별함이 조금 늦게 피어날 수도 있어요. 하지만 분명히 피어날 거예요. 지금 당장은 보이지 않더라도 그 씨앗은 이미 마음속에 있습니다. 여러분이 해야 할 일은 씨앗에 물을 주고 햇볕을 쬐어주는 거예요. 그것은 바로 '자기 자신을 믿어주는 것'입니다.

다른 사람이 여러분을 믿어주지 않더라도 괜찮아요. 하지만 여러분 스스로를 믿지 않으면 가능성의 싹은 자라지 못할 거예요. 매일매일 나 자신에게 건네는 그 작은 한마디가 여러분의 마음을 살리고 꿈을 자라게 할 거예요. 나를 사랑하는 마음은 한 걸음 한 걸음, 마침내는 여러분이 꿈꾸는 그곳으로 데려다줄 겁니다.

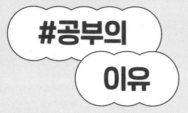

PART2

#공부의
　　이유

너도 한번 제대로
공부해 보는 건 어때?

너 같은 애는
공부해도 안 돼

"내가 쟤 같은 스타일 잘 아는데, 저런 애는 아무리 공부해도 성적 절대 안 올라."

저는 이 말을 듣고 애써 모른 척 했어요. 하지만 그러기가 정말 쉽지 않았습니다. 저를 뚫어져라 쳐다보며 이야기했거든요.

그때 저는 학원에서 나머지 공부를 하고 있었습니다. 영어 단어 시험을 통과하지 못해서 재시험을 봐야 했어요. 그때 교실 반대쪽에서 두 친구가 대화하고 있었습니다. 둘 다 학교에서 소위 잘나가는 친구들이었죠. 한 친구는 싸움을 잘했고, 다른 친구는 잘생기고 인기도 많았습니다. 제게 당연히 없는 여자 친구도 있었고요. 갑자기 잘생긴 친구가 저를 가리키더니 빤히 쳐다보면서 똑똑히 들리도록 저런 말을 했습니다.

크지도 않은 교실인데다 다른 친구들도 몇몇 있었습니다. 모두가 보고 듣는 앞에서, 이게 얼마나 대놓고 저를 무시하는 건가요? 주먹으로 맞은 것도 아니었는데 너무 아팠습니다. 시간이 멈춘 느낌이었어요.

그 말이 얼마나 충격적이었는지 시간이 많이 흐른 지금도 생생히 기억납니다. 그 친구들의 이름과 목소리도요. (이렇게 글을 쓰다 보니 잠깐 그 친구들의 이름을 적었다 지웠네요.) 그런데 그 시절을 떠올려보면 사실 저는 누가 봐도 '안 될 놈' 그 자체였습니다.

저는 학원에서 공부를 잘하는 학생이 아니었어요. 숙제를 자주 안 해가기도 하고, 수업 시간에는 선생님이 진도 나가지 않고 잡담만 해주길 바랐어요. 가끔 간식으로 빵을 나눠줬는데 그게 학원에서 가장 신나는 일이었습니다.

영어 단어 시험을 치면 늘 재시험을 보는 게 일상이었고, 학원 수업이 끝나면 갇혀 있다가 풀려난 듯한 해방감을 느껐습니다. 그 해방감을 진탕 만끽하러 친구들과 함께 땀이 흥건해질 때까지 게임을 했어요. 몇몇 게임은 동전 하나로 '끝판왕'을 깨곤 했죠. 그때 어찌나 게임을 많이 했던지 '소울 칼리버', '야구왕' 같은 게임은 지금 해도 다 깰 수 있을 것 같아요.

여러분, 이 사람이 얼마나 한심한가요? 비싼 돈 내고 학원 다니면서 공부는 엉망으로 하고, 고작 빵이나 얻어먹고 좋아하는 말도 안 되는 상황이었죠.

어느 날 영어 선생님께서 저를 지목하시더니 "칠판에 적힌 이게 뭐냐?"라고 물으셨어요. 소심했던 저는 그런 질문을 받을 때마다 심장이 오그라드는 느낌이 들었습니다. 선생님께서 가리키신 단어는 문장 안에 있는 'who'였습니다. '누구'라는 뜻은 알고 있었지만 그런 걸 물어볼 리는 없을 것 같았어요.

교실에는 적막이 흐르고 결국 저는 아무 대답도 하지 못했습니다. '의문사'라고 말하고 싶었지만 틀릴까 봐 두려웠습니다. 몇 번이나 질문을 반복하시던 선생님은 저에게 크게 실망하셨나 봐요. 잠시 수업이 중단되고 선생님은 제게 상처가 될 정도의 심한 말들을 하셨습니다. 반 친구들이 보는 앞에서 그런 일을 당하는 게 저에게는 더할 나위 없는 고문이었습니다. 그때도 역시나 정말 울 뻔했습니다.

그래서 정답이 뭐였냐고요? '관계대명사'였어요. 사실 눈 감고도 맞혀야 할 답이었는데요. 당시 배우던 단원의 제목이 관계대명사였기 때문이에요. 어려운 질문을 하신 것도 아니고 단원명을 물어보신 거였죠. 며칠간 배운 단원의 제목도 모르는 생각 없는 저를 보며 선생님이 화를 내신 것도 충분히 이해됩니다.

망할 거라고 말해줘서 고마워

○

그런 제게도 나름 변명거리가 있습니다. 그때의 경험을 돌이켜 보면 물론 공부하지 않은 제 잘못이 가장 크지만, 영어 교육 자체의 문제도 컸다고 봐요.

당시 영어 수업 중에서도 특히 문법은 정말 지루하고 이해도 되지 않았습니다. 이걸 왜 배우는지, 어디에 써먹는지 도

무지 알 수 없었죠. 그저 수많은 용법과 규칙과 예외 사항들을 무작정 외워야 했어요. 명칭도 죄다 일본식 이름이었는데, 그 의미가 본래 영어에서 뜻하는 바와 일치하지도 않았죠.

단어 역시 끝도 없이 외우게 했지만, 정작 외우는 방법은 전혀 가르쳐주지 않았습니다. 기껏해야 종이가 까맣게 될 때까지 단어를 수백 번씩 쓰면서 외우는 '깜지'가 전부였어요. 단어를 종이에 다 채울 때까지 쓰지 않으면 집에 보내주지 않을 정도였습니다.

그 당시 제가 효과적인 암기법을 알았을까요? 그땐 '공신닷컴' 같은 사이트도 없었고, 제 주변에 대학 간 사람도 없어서 방법을 물어볼 만한 곳이 없었습니다. 그래서 암기가 잘 안 되면 그냥 제 머리가 나쁜 것이라고 생각할 수밖에 없었죠. 시험에서 점수가 안 나오면 혼나고, 재시험을 보는 게 전부였습니다. '제대로 하지 않으면 선생님께 혼난다'는 생각이 동기부여의 전부였습니다.

그때의 기억이 너무 치욕적이어서 계속 제 마음속에 남아 있었습니다. 그래서 나온 것이 『강성태 영문법 필수편』

책과 강의입니다. 강의를 찍고 책을 쓸 때 정말 칼을 가는 마음으로 작업했습니다. 강의를 듣거나 책을 보는 분들이 제가 겪었던 그런 수모를 절대 당하지 않게 하겠다고 약속했죠. 모든 논문을 뒤져서라도 지금까지 알려진 최고의 방법을 찾아내 알려주겠다고 결심했습니다. 책상 앞에 'who 같은 수모를 겪지 않게 하겠다!', 'who를 기억하라!'라고 적어놓고 작업했어요.

저에게 공부는 단순히 지식을 쌓는 과정을 넘어, 제가 못나거나 지질하지 않으며 패배자가 아니라는 것을 스스로 증명해 가는 과정이었습니다. 오히려 시련이 없고 편안하기만 했다면 지금의 저는 존재하지 않았을 겁니다. 저에게는 안 된다는 말들과 실패했던 기억들이 오히려 큰 자극제가 되었죠.

사람의 능력은 고정되어 있지 않습니다. 이는 뇌 과학, 심리학, 교육학 등 거의 모든 학문 분야에서 증명된 사실입니다. 한때 과학조차도 인간의 두뇌와 능력은 성인이 되면 더 이상 발전할 수 없다고 믿었던 시절이 있었습니다. 여전히 이 의견을 따른다면, 이는 마치 태양이 지구를 돈다고 믿는 것과 다를 바 없습니다. 제대로 된 방법으로 꾸준히 노력하면 누구든지 어떤 분야에서든 성장할 수 있습니다.

무엇보다도 내 미래를 함부로 단정 짓는 말을 들으면 자존심 상하지 않나요? 그런 말을 하는 사람이 신이라도 되는 걸까요? 설령 지금까지의 결과가 만족스럽지 않더라도 미래는 다를 수 있습니다. 저에게 "너에게 미래는 없다. 네 노력은 다 헛수고다"라고 말했던 친구가 정말로 옳았을까요?

오히려 부정적인 말을 원동력 삼아 여러분이 꿈을 이룰 수 있다는 것을 보여주세요. 얼마나 좋은 자극인가요? 부정적인 말을 들으면 열받잖아요. 말 그대로 열정이 생기는 것입니다.

심지어 저는 멘토링 할 때 이 방법을 써먹기도 합니다. 부정적인 말에 적극적으로 반응하는 성향의 학생이라면, 포기하기는커녕 반항심 때문에 열심히 할 학생이라면 일부러 겁을 주는 말을 해서 동기를 부여하기도 합니다. 물론 나쁜 신호가 되지 않게 조심히 접근해야죠.

여러분에게 분명히 말씀드릴 수 있는 것은 저도 제가 이렇게 될 줄 몰랐다는 거예요. 그 친구도 몰랐고 선생님께서도 모르셨겠죠. 여러분이 미래에 어떻게 될지는 아무도 모릅니다. 솔직히 지금까지 미친 듯이 공부한 적이 있었나요? 제대로 된 공부법으로 공부해 본 적이 있었나요? 아마 없었을 겁니다.

공부를 아무리 해도 안 될 거라는 말을 듣던 '공부의 신'이 그려지시나요? 하늘에 맹세코 저는 그런 말을 듣던 사람이었습니다.

저를 깔보는 말을 들었을 땐 쥐구멍에라도 들어가고 싶었습니다. 정말 잊고 싶었는데, 공부하다가도 불쑥불쑥 그 장면이 떠오르곤 했어요. 그럴 때마다 나중에 잘돼서 보여줘야겠다고 생각했습니다. 그랬던 제 바람이 오늘 이 자리에서, 이 책에서 이루어졌습니다.

여러분이 잘될까 봐 무서워서 그래요

○

"그거 완전 어렵대. 어떻게 해도 안 될 것 같은데…."

"네가? 네가 그게 되면 난 대통령도 되겠다!"

여러분도 이런 말을 들어본 적 있나요? 꿈을 이루기 위해 노력하는 과정에서 반드시 듣게 될 이야기입니다. 친구, 선배, 심지어 선생님까지도 이런 말을 할 때가 있죠.

여러분의 꿈이 원대할수록 이런 말은 더 많이 쏟아질 거예요. 꿈을 위해 기껏 용기 내어 공부를 시작했는데, 이런 말을 들으면 맥이 탁 빠져버리죠. 하지만 그럴 필요가 전혀 없습니다.

안 될 거라고 말하는 사람은 늘 있습니다. 라이트 형제가 하늘을 날고 싶다고 했을 때도, 에디슨이 전기로 빛을 만들어내겠다고 했을 때도, 일제강점기와 6·25전쟁으로 전 세계 최빈국이던 대한민국이 가난에서 벗어날 수 있다고 했을 때도요.

만약 이들이 그런 사람들의 말을 듣고 멈췄더라면 우리는 여전히 밤이 되면 가스등을 켜놓고 공부하고 있을지도 모릅니다. 우리나라는 전쟁 폐허 속에서 수많은 사람이 아직도 굶어 죽고 있을지도 몰라요.

한편으로는 부정적으로 말하는 그런 사람들의 반응이 이해되기도 합니다. 꿈을 왜 꿈이라고 부르겠어요? 자면서 꾸는 꿈처럼 비현실적이고, 아직 이루어진 일이 아니니까 꿈이라고 부르는 것입니다. 쉽게 될 것 같았으면 애초에 꿈이라고 부르지도 않았겠죠. '점심에 구슬 아이스크림 하나 사 먹어야겠다!' 이런 것도 꿈이라고 부르나요? 물론 이런 게 꿈인 초등학생 친구들도 있겠지만, 인생을 걸고 도전할 만한 꿈이라고 할 순 없겠죠.

그러니 성공한 사람치고 미쳤다는 말을 들어보지 못한 사람이 없는 것입니다. 성공한 사람들은 꿈이 있었고, 그 꿈을 마치 현실처럼 이야기했습니다. 오히려 미쳤다는 소리를 들을 정도가 되어야 멋진 꿈일 수도 있습니다.

물론 인생을 살아가다 보면 주변의 이야기를 들어야 할 때도 있습니다. 때로는 주변에서 안 된다고 조언해 줄 때 꿈을 다시 생각해 보고 다른 길을 찾는 것이 현명한 선택일 수도 있어요. 하지만 학생은 다릅니다. 학생의 정의가 무엇인가요? 학교에 다니면서 공부하는 사람이죠. 심지어 중고등학생이 배우는 것은 국가에서 정한 '국민공통 기본교육과정'입니다. 전 국민이 공통으로 알아야 할 기본적인 것을 배우는 중인데 '너는 안 될 것이다'라고 말하는 것은, 이제 막 걸음마를 하려는 아기한데 "자꾸 넘어지는 걸 보니 너는 평생 못 걷겠구나"라고 말하는 것과 같습니다.

안 된다고 말하는 사람들에게는 공통점이 있습니다. 대체로 자신만의 꿈이 없다는 거예요. 간절한 꿈이 있는 사람들은 다른 사람의 꿈도 얼마나 소중한지를 압니다. 그래서 함부로 남의 꿈을 깎아내리지 않아요.

자신의 꿈을 이루려고 애쓰기 때문에 남을 지적하고 다닐 시간도 없습니다. 정말 간절한 꿈을 위해 공부하고 도전하고 있는데 매일 인터넷에 들어가서 악플을 256개씩 달고 있을까요? 장래희망이 '대한민국 최고의 악플러'가 아닌 이상 그런 것에 신경 쓸 틈도 없습니다.

비밀을 하나 알려드릴까요? 여러분에게 안 된다고 말하는 이유를요. 두려워서 그렇습니다. 자신은 꿈도 없고 도전도 하지 않는데 다른 사람이 꿈을 향해 하루하루 최선을 다하며 성취해 가는 모습이 두려운 거예요. 여러분이 정말로 꿈을 이루면, 그분들은 한없이 비참해질 테니까요.

과장 같나요? 실제로 사람들은 모르는 사람이 잘됐을 때보다 가까운 사람이 잘됐을 때 질투심을 훨씬 더 크게 느낍니다. 그 질투심이 심지어 고통까지 유발한다는 것도 최근 연구에서 밝혀졌죠. 남이 잘됐을 때 반응하는 뇌의 부위가 다름 아닌 고통을 담당하는 곳이었거든요. 그러니 정말 '아파서' 그런 말을 하는 거예요.

아픈 사람은 건드리는 거 아니라는 말도 있잖아요. 꼭 꿈에 관한 이야기가 아니더라도 주변에서 하는 이야기를 모두 신경 쓰면서 살면 이룰 수 있는 건 단 하나도 없습니다. 무슨 일이든 안 될 거라고 말하는 사람은 반드시 존재하기 때문입니다.

설득하지 말고 증명하세요

○

그러니 그런 사람들, 굳이 설득하지 마세요. 모양 빠지고 '쿨'하지도 않아요. 우리는 백 마디 말보다 그냥 한 번 보여주는 거예요. 그럼 모든 것이 끝납니다. 주변에서 참새처럼 짹짹대며 참견하던 사람들도 조용해집니다. 심지어 '나는 너 잘되라고 한 말이었다', '사실 잘될 줄 알고 있었다' 이렇게 말을 바꾸기도 하죠.

하지만 한번쯤은 생각해 봐야 합니다. 왜 그런 부정적인 말을 하는지요. 친구에게 그런 말을 듣고 저는 엄청 속상했는데요. 돌이켜 보니 이런 생각들이 들더라고요.

'내가 미친 듯이 공부했다면 그런 소리를 들었을까?'
'숙제도 잘하고 시험도 잘 봤으면 그런 말을 했을까?'
'단원명이라도 알고 있었으면 다른 말을 들었을까?'

생각해 보니까 저는 그렇게 안 하고 있었어요. 사람들의 지적이 어느 정도는 사실일 수 있습니다. 그렇다면 포기할 게 아니라 바꾸면 됩니다. 개선해야 할 부분을 알려준 것이니 감사해야 할 일이죠. 냉정하고 차분하게 생각할 필요가 있습니다.

'나 같은 놈은 열심히 해도 안 된다고? 그럼 공부법을 바

꿔봐야겠다.'

'그게 그렇게 어렵다고? 그럼 지금부터 두 배, 세 배는 노력해야지.'

모든 것은 우리가 받아들이고 생각하기 나름입니다. 같은 말을 듣고 상처받아서 포기할 수도 있지만, 부족한 것을 깨닫고 더더욱 열심히 할 수도 있어요. 무엇이 여러분에게 득이 될까요?

여러분에게 이런 이야기를 드리는 이유는 비단 공부 때문만은 아닙니다. 사회에서도 직장에서도 심지어 취미 생활을 할 때도 좋지 않은 이야기를 듣게 될 거니까요. 사람 사는 게 늘 그렇거든요.

사람들은 각자의 말을 할 뿐입니다. 깊게 생각하지 않고 말을 마구 내뱉기도 하고요. 심지어 다들 자신이 옳다고 믿습니다.

어린 시절에는 착하고 순수해서, 혹은 경험이 많지 않아서 주변 의견에 많이 흔들리기도 합니다. 멘토로서 학생들을 상담하다 보면 한마디 말에 꿈을 접고 중도에 포기하는 경우를 엄청나게 많이 봅니다.

그런 친구들을 만날 때마다 제 마음이 너무 아파요. 충분히 가능성 있는데, 남의 말 한마디 때문에 모든 걸 포기한다면 세상에 그것보다 더 안타까운 일이 있을까요. 얼마나 많은 에디슨과 라이트 형제들이 사라졌을지 저는 자다가도 벌떡 일어날 정도입니다.

소중한 여러분의 인생이 제대로 한번 피어보지도 못하고 시들어버리는 것을 두고 볼 수 없습니다. 어떤 말을 듣더라도 마음 아파하거나 포기하지 마세요. 흔들리면 지는 겁니다. 그들이 원하는 대로 되는 거예요. 그래서는 안 됩니다. 여러분이 할 수 있다는 것을 보여줘서 코를 납작하게 만들어줘야죠.

정말 되는지 안 되는지는 직접 도전해서 확인하면 됩니다. 지금 당장 여러분이 할 수 있는 일부터 시작해 보세요. 가장 앞자리에 앉아서 선생님 말씀을 단 한 글자도 놓치지 않겠다는 마음으로 집중해 보세요. 단 10분이라도 눈으로 레이저를 쏴서 책을 뚫어버릴 정도로 집중하고, 펜으로 땅까지 파고 들어갈 기세로 공부해 보세요. 하루도 빼놓지 않고 복습하고, 모르는 부분이 있으면 열 번이고 스무 번이고 반복해서 외워보세요. 작은 행동이 모여서 결국 큰 변화를 만들어냅니다.

다이아몬드는 시궁창 속에 있어도 다이아몬드입니다. 지금의 환경이 어떻고 성적이 어떻다 하더라도 소중한 여러분의 가치는 달라지지 않아요. 누가 뭐라고 하든 여러분은 세상에서 가장 소중한 존재입니다.

반드시 기억하세요. 안 된다는 말을 듣고 포기하면 정말 그 말대로 되지만, 그 말이 틀렸다는 걸 증명하고자 한다면 안 된다는 말은 틀린 말이 됩니다. 선택은 여러분에게 달려 있습니다. 무엇을 선택하실 건가요?

세상이 공부로
판단하는 것들

"세상은 공부 잘하는 학생, 능력 있는 사람만 좋아해요. 나머지는 사람도 아닌가요?"

동의합니다. 제가 생각해도 세상은 1등만 좋아하는 것 같아요. 사람을 등수로 나누어 측정한다는 것이 얼마나 냉정한가요? 저도 이런 현실이 싫을 때가 많고 지금도 그렇습니다. 정의롭지도 않고 공정하지도 않아 보여서요. 하지만 여러분에게 묻겠습니다. 여러분도 1등만 좋아하지 않나요?

인터넷에서 물건을 사본 적이 있을 거예요. 저는 되도록 가격 대비 성능이 좋은 것을 삽니다. 싸고 좋은 물건을 사면 기분이 좋아지잖아요. 최근에는 노트북을 하나 샀는데 특별 할인할 때 사서 완전 땡잡았죠. 최신 기종인데 정가의 절반 가격으로 샀거든요. 기분이 참 좋았습니다. 캐나다에서 공항 검색대를 통과한 후 놓고 나오기 전까지는요. 다른 사람 짐인 줄 알고 당차고 씩씩하게 걸어 나왔습니다.

같은 공장에서 나온 같은 제품이라면 고민할 것도 없죠. 최저가부터 최고가까지 가격순으로 줄 세운 다음에 1등으로 찍힌 최저가 제품을 지릅니다. 두 번째로 싼 제품은 쳐다볼 필요도 없어요.

마트에 가면 중량당 가격도 표기되어 있어서 장보기가 참 수월해요. 라면을 고르는 데 10초도 걸리지 않아요. 그냥 중량당 가격만 보고 순식간에 결정하거든요. 저만 이런 건 아닐 겁니다. 거의 모든 사람이 조금이라도 싸고 좋은 걸 찾습니다.

여러분이 어딘가 불편해서 병원에 가야 한다고 생각해봅시다. 어떻게 찾아가나요? 명의로 소문난 곳을 멀리까지 찾아가기도 하고, 가까운 병원을 가더라도 검색을 해서 가장 잘하는 의사를 찾아가잖아요. 정말 급한 상황이 아니라면 평이 안 좋은 병원은 누구나 피합니다.

매달 가는 미용실에서도 머리를 가장 잘 만져주는 분에게 받고 싶지 실수를 연달아 하는 초보 디자이너에게 애써 받으려는 사람은 없을 거예요. '맛집'은 또 어떤가요? 평점 높은 곳을 찾아 헤맵니다.

식당마다 연예인 사인은 왜 붙여놓겠어요? 그런 종이가 한 장이라도 붙어 있으면 오는 사람이 늘어나기 때문입니다. 저조차도 전국에 있는 식당에 몇 군데나 사인을 해드렸는지 몰라요. 밥을 먹다가 제 사인을 보고 공부 생각이 날 것 같아서 여러분에겐 솔직히 미안한데요. 식당에서는 잘 보이는 곳에 걸어두시더라고요.

식당이 빚에 허덕이고 있어서 신선하지 않은 재료를 쓴다면, 사장님이 편찮으셔서 조리 시간이 오래 걸린다면, 그런 사정을 일일이 이해해 주던가요? 어쩌다 한두 번은 가더라도 계속 찾진 않을 겁니다.

제가 영문법과 영어독해 책을 냈을 때 어떤 내용인지 확인하지 않고 사신 분이 많았어요. 분야 1위 책이니까 그냥 믿고 사신 거죠. 지금 이 책조차 강성태가 공부법 분야에서 1위였으니까 일단 사신 분들이 계실지도 몰라요.

여러분이 좋아하는 운동선수도 대부분 1위를 하는 선수일 거예요. 프리미어리그 득점왕인 선수가 뛰는 경기는 밤새 보지만, 2군이나 3군 선수들이 뛰는 경기는 아예 중계도 되지 않습니다. 보는 사람이 별로 없으니까요.

혹시 싼 제품이 있는데 다들 1등만 찾는 게 너무 마음 아파서 가장 밑에 있는, 가장 질 나쁘고 배송도 늦고 가격도 비싼 물건을 산 적이 있나요? 대부분 그러지 않았을 겁니다. 현명한 소비가 아니기도 하고 그런다고 누가 칭찬해 주는 것도 아니니까요. 잘 안 되는 가게가 안타깝다고 해서 원치 않는 소비를 해준다고 한들 그 가게가 얼마나 유지될 수 있을까요.

우리가 1등만을 찾는 경우는 끝도 없이 이야기할 수 있습니다. 하루의 일상을 들여다보면 우리야말로 1등만을 원하고, 1등만을 좋아하고, 1등 이외에는 관심을 끄고 사는 것 같기도 합니다.

이런 것에 비하면 공부는 낭만적으로 보일 정도입니다. 성적별로 줄을 세우더라도 모든 사람이 1등에게만 눈길을 주는 것은 아니니까요. 진학이든 취업이든 1등을 하지 않아도 저마다의 길을 찾을 수 있습니다.

다시 스스로에게 물어봅시다. 여러분도 좋은 상품, 좋은 사람, 좋은 서비스를 원하면서 자신은 충분히 준비된 사람이 아닌데 좋은 대학, 좋은 기업의 선택을 받길 바라는 건 아닌지를요.

축하합니다! 이제 여러분이 사장님입니다

○

"스펙 타파! 열정과 잠재력만으로 취업이 가능한 세상!"

선거 시즌에 한 후보가 건 현수막 내용이었어요. 멋진 문구죠. 스펙 없이 열정만으로 취업이 된다니, 이 문구를 보고 해당 후보를 뽑으신 분도 있을 거예요. 열정, 정말 아름답고 좋은 말입니다. 저도 열정이 중요하다는 말을 자주 해요. 스스로도 열정 넘치는 사람이 되고 싶습니다.

그렇다면 열정이 어떤 의미인지 여러분이 한번 사장님

이 되어 생각해 보면 좋겠습니다. 어린 시절부터 꿈꿔오던 기업의 CEO가 되었다고 가정해 봅시다. 회사를 창업한 지 얼마 되지 않았어요. 사무실을 임대하고, 각종 기자재를 사고, 원재료를 사고, 신제품을 개발하고, 창고를 빌리는 등 엄청난 돈을 투자한 상황입니다. 빨리 매출을 올려서 투자금을 회수하고 이익을 내야겠죠.

직원도 뽑아야 합니다. 한 사람당 1년에 수천만 원이 들어요. 다 여러분 돈입니다. 그러니 그 이상의 벌이를 할 수 있는 유능한 사람을 뽑고 싶을 거예요. 이미 수천수만 명의 직원이 있는 아주 큰 회사라면 직원 한 명 잘못 뽑아도 별문제 없이 돌아갈지 모르지만, 규모가 작은 회사라면 한 명 한 명이 미치는 영향은 지대합니다. 회사는 물론이고 사장님인 여러분의 미래도 누구를 뽑느냐에 달려 있어요.

만약 새로 뽑은 직원이 말만 그럴듯하게 하고 능력이 부족하다면 회사의 앞날이 밝을 수 없겠죠. 직원이 회사의 돈을 몽땅 가지고 날라버린다면 여러분은 평생 빚더미에 앉을 수도 있습니다. 종종 이런 사건들이 뉴스에 나오기도 하는데 알려진 것보다 보도되지 않은 게 훨씬 많아요.

설레는 마음으로 이력서를 받았습니다. 여러분의 눈에 가장 먼저 들어오는 단어가 있을 거예요. 모든 이력서에 한 장도 빼놓지 않고 '열정'이라는 단어가 들어 있을지도 모릅니다. 모든 사람이 자신은 그 누구보다 열정이 넘친다고 이야기하거든요.

취업난이 갈수록 심각해지고 있죠. 이력서를 제출하는 사람들이 얼마나 간절한 마음을 품고 있을지 생각해 보세요. 그중 열정 없다고 말하는 사람이 과연 있을까요? 저도 지금까지 몇 개의 회사를 운영하면서 수없이 많은 분을 면접했는데요. 열정이 없다고 말하는 지원자를 본 적이 없습니다.

"열정 따윈 모르겠고 솔직히 점수 맞춰서 대학에 지원했습니다. 학과는 부모님이 여기에 들어가라고 해서 골랐고요. 저는 엄마가 깨워도 들은 척도 하지 않고 늦잠을 자고요. 숙제는 친구가 한 거 베껴서 냅니다. 가끔 발도 닦지 않고 잘 때도 있습니다. 이유 없이 악플 다는 게 취미이자 특기이고요. 동생이 요즘 자꾸 짜증나게 해서 지갑에서 몰래 5만 원을 가져간 적도 있습니다. 저를 꼭 뽑아주세요!"

아무리 솔직하게 쓴다 해도 이력서를 이렇게 쓰는 사람은 없을 겁니다. 실제 삶이 이렇다고 해도 이력서에는 누구나 열정이 넘친다고 말합니다. 그래서 여러분이 사회에 나가서 "저는 열정이 있습니다"라는 말을 아무리 외쳐도 쉽게 수긍할 사람은 많지 않을 수 있습니다.

열정과 함께 선거 현수막에 적혀 있던 '잠재력'은 또 어떻게 측정할까요? 잠재력은 잠재된 것으로, 즉 눈에 보이지 않습니다. 보이지 않고 보여줄 수도 없지만 많은 사람이 잠재력도 넘친다고 표현하죠. 지금은 별것 없지만 앞으로 잘할 수 있는 잠재력이 있으니 뽑아달라고 하면 어떨까요? 여러분이 사장이라면 그 말을 믿고 바로 채용할 수 있나요?

물론 열정과 잠재력을 측정해 볼 수 있는 방법은 있습니다. 그 사람과 같이 일해 보면서 경험하고 결정하는 것이죠. 모든 지원자를 채용해서 1년 이상 함께 일하면 누가 어떤 성향을 지녔는지 어느 정도 파악할 수 있습니다. 하지만 그 많은 지원자를 1년씩이나 평가한다는 건 비현실적인 일이에요.

입사 경쟁률이 수백 대 일인 회사도 있습니다. 제가 방금 찾아본 곳은 경쟁률이 600:1이네요. 10명을 채용한다면 6000명이 지원했다는 것인데요. 여러분이 사장이라면 6000개의 서류를 모두 꼼꼼하게 읽을 수 있을까요?

선거 현수막 문구처럼, 어떤 기업에서든 열정과 잠재력이 있다는 말만으로 여러분을 채용하기는 쉽지 않을 것입니다.

나를 증명하는 진짜 무기

○

그렇다면 대안은 무엇일까요? 대학 입시에서 합격 정원의 2~3배수를 서류 전형에서 선발하듯이 취업 시장에서도 이런 방식을 씁니다. 입시 서류에서는 성적을 본다면, 이제 갓 학교를 졸업하고 직업을 찾으려는 사람이 제출한 이력서와 자기소개서에서는 무엇을 보고 판단할까요? 회사에 원서를 내보신 분들은 알 수 있겠지만, 학교를 막 졸업한 상태에서는 이력서에 쓸 만한 사항이 별로 없습니다. 그렇다고 해서 외모, 가족 관계, 출신 지역 같은 것들로 지원자를 평가할 순 없죠. 업무와 관련이 없기 때문입니다. 그렇다면 과연 어떤 능력을 가장 많이 요구할까요?

바로 '성실함'입니다. 성실해야 한다는 것은 유치원생들도 알고 있습니다. 오늘 기분이 좀 꿀꿀하다고 해서 계획된 공부를 안 하는 것처럼 툭하면 무단결근하고 일을 하지 않는다면, 문제집 펴놓고 게임을 하듯이 근무시간에 SNS만 보고 있다면 어떨까요? 사장님이 그런 모습을 목격하면 마음이 뿌듯해지면서 밥 먹지 않아도 배부를까요? 아니요, 뿌듯해서가 아니라 속이 터져서 밥을 먹지 못할 겁니다.

공부를 잘하고 시험을 잘 보기 위한 기본 전제는 꾸준함입니다. 다른 말로 성실함 혹은 인내죠. 공부가 얼마나 지루할 때가 많나요. 아무리 하기 싫어도 참고 견뎌야 합니다. 아무 배경 지식도 없는 분야에서 단 하루 만에 만점을 받고 합격하는 것은 아무리 머리가 좋아도 불가능해요. 날씨가 좋다고, 컨디션이 별로라고, 친한 친구랑 다퉜다고, 강아지 표정이 우울해 보인다고 공부를 안 한다면 1년에 공부할 수 있는 날이 하루도 없을 거예요.

힘들어도 지겨워도 심지어 나만 두고 다들 놀러 갔을 때도 참고 공부해야 합니다. 공부를 잘했다는 것은 비가 오나 눈이 오나 꾸준하게 뭔가를 해본 적이 있는 사람이란 뜻입니다. 매일 수업도 자습도 땡땡이치는데 성적은 전국 1등인 친구가 이 세상 어딘가에 있을 수도 있겠지만, 일단 저는 그런 학생을 여태껏 본 적이 없습니다.

여러분 또한 약속을 잘 지키는 사람과 일하고 싶을 거예요. 애써 뽑아났는데 회의에 매번 늦고, 정해진 일도 제때 끝내지 못하고, 월급을 올려달라는 이야기만 한다면 그 직원에 질려 사장님이 먼저 퇴사하고 싶다는 생각이 들지도 모릅니다.

약속을 지키는 것은 모든 인간관계에서 가장 중요한 일입니다. 조별과제에서 팀원 중 한 명이 약속된 과제를 하지 않아서 여러분이 그 일을 대신한 적이 있나요? 그런 일을 몇 번 겪고 나면 인간은 착하게 태어난다는 성선설에 대한 믿음이 절로 사라질 지경이 됩니다.

여러분이 수시로 받는 숙제는 뭘까요? 선생님과의 약속입니다. 열심히 세워둔 공부 계획은 뭘까요? 자신이 지키겠다고 스스로에게 한 약속입니다. 숙제를 하지 않으면 진도를 따라가기도 힘듭니다. 숙제는 공부를 잘하고 성적을 잘 받기 위한 기본 중의 기본입니다.

남과의 약속이든 자신과의 약속이든 약속을 잘 지키는 사람은 신뢰할 수 있는 사람입니다. 사실 선생님이 숙제를 내는 것과 사장님이 업무를 지시하는 것은 크게 다르지 않습니다. 분명히 말씀드리는데요, 우리가 공부를 하고 숙제하는 일이 사실은 직장 생활과 사회생활의 예행연습입니다.

일반적인 관계에서도 마찬가지지만 여러분이 사장이라면 새 직원이 여러분의 말을 귀담아듣고 존경해 주길 바랄 거예요. 선생님이 말씀하실 때 바로 앞에서 엎드려 자는 학생이나, 선생님 뒤에서 삼엽충처럼 생겼다고 흉보는 학생 같은 직원이라면 뽑고 싶지 않겠죠. 직장에서도 똑같이 사장님 안 보일 때 이불 펴고 꿀잠 자거나 안 좋은 소문을 퍼트릴지도 모르니까요. 그렇다면 이런 행동을 했는지는 이력서의 무엇을 보고 판단할 수 있을까요?

공부를 잘한 학생이라면 다른 친구들이 졸고 딴짓할 때 선생님 말씀에 집중했을 가능성이 큽니다. 그건 곧 선생님을 존중했다는 뜻이기도 합니다. 물론 100퍼센트 확신할 순 없겠지만 그런 사람은 상사나 동료의 말도 귀담아들을 것이라 기대해 볼 수 있겠죠.

그 외에도 새로운 일을 빠르게 이해한다거나, 보고서를 읽고 주제를 찾는 능력이 있다거나, 거래처에 메일을 보낼 때 논리적으로 잘 쓴다거나, 영어가 필요할 때 유창하게 말한다거나 등등 일반적인 회사에서 기대하는 것들을 잘할 거라는 기대도 심어줄 수 있습니다.

물론 공부를 잘했는데도 이런 덕목들이 꽝인 경우도 있어요. 공부를 딱히 잘하지 못했는데 업무는 잘해내는 경우도 있고요. 하지만 어떤 사람을 빠르게 파악하는 데에 공부는 하나의 중요한 판단 요소가 될 수 있습니다. 주관적인 열정이나 잠재력을 측정하는 것과 달리 공부는 성적이라는 요소로 바로 파악이 되는 것이니까요.

결국, 지금 여러분이 하는 지루한 공부는 내가 꽤 괜찮은 사람이라는 것을 증명해 나가는 과정입니다. 직원을 채용하는 과정에서 하루 만에 사람을 판단할 방법이 없으니 꽤 긴 시간에 걸쳐 무언가를 해낸 증빙 자료가 필요한 것이고,

여러분의 성실함과 꾸준함을 공부라는 자료를 통해 짐작하는 거예요.

자, 이제 진짜 물어보고 싶은 질문을 해볼게요. 여러분은 사장입니다. 여러분이 공부할 때 보여주는 정도의 성실함을 지닌 사람이 회사에 이력서를 냈습니다. 이 지원자를 채용하시겠습니까? 답은 제가 아닌 여러분이 잘 알 것입니다. 합격하셨기를 진심으로 바라겠습니다.

쓸모없어 보이는
공부의 진짜 쓸모

여러분에게 퀴즈를 하나 내볼게요. 빛의 화가이자 인상파의 창시자, 미술 시험에 자주 나오는 이 사람은 누구일까요? 바로 클로드 모네입니다. 인상파라는 이름이 바로 모네의 작품 「인상, 해돋이」에서 유래한 거예요. 인상을 쓰면서 그렸기 때문에 인상파가 된 것이라고 농담 삼아 이야기하는데 그게 아니랍니다. 작품을 보면 말 그대로 순간의 인상을 정말 잘 포착했다는 걸 느낄 수 있습니다.

모네의 또 다른 별명은 '수련의 화가'입니다. 수련을 엄청나게 많이 그렸거든요. 250여 점의 작품을 남겼는데 수련을 그린 기간이 30년이니 매년 여덟 작품, 즉 한 달 반에 한 작품씩을 그렸다고 볼 수 있죠.

인상, 해돋이(Impression, soleil levant)

수련이 있는 연못(The Water Lily Pond)

이 수련 그림들은 전 세계 여러 미술관에 전시되어 있습니다. 그동안 국내에서는 볼 수 없었는데, 고 이건희 삼성전자 회장이 개인적으로 소장했던 작품을 사후에 국립현대미술관에 기증하면서 우리나라에서도 볼 수 있게 됐습니다.

이 수련 그림이 얼마나 인기가 많으냐면, 작품을 보는 것으로 끝내지 않고 많은 사람이 모네가 그림을 그린 곳까지 직접 찾아갈 정도입니다. 모네는 주로 '지베르니'라는 마을의 정원에서 수련 그림을 그렸는데요. 매년 수많은 관광객이 프랑스 파리에서 약 80킬로미터 떨어진 그곳을 찾아갑니다. 여행사에서 모네가 그림을 그렸던 정원을 여행하는 프로그램을 따로 운영할 정도죠.

그렇다면 모네는 수련만 그렸을까요? 아닙니다. 어린 시절부터 수많은 사물을 그렸습니다. 사과도 그리고, 교회도 그리고, 못생긴 사람도 그리고, 아마 누드화도 그렸을 거예요. 인간의 신체를 그리는 게 그 시절 화가들이 필수로 하는 연습이었으니까요.

만약 모네가 처음부터 오직 수련만 그렸다면 어떻게 됐을까요? 저는 절대 '수련의 화가'가 되지 못했을 것이라 장

담합니다. 여러 다른 것들을 그려보면서 연습했기에 구도
와 비율을 잡아내는 능력이 길러졌고, 더 깊이 있는 작품을
완성하는 바탕이 되었을 거예요.

정확히 몇 살 때 무엇을 그린 경험이 어떤 능력치를 얼마
만큼 길러줬는지는 알 수 없습니다. 하지만 분명한 사실은
그런 연습이 없었다면 모네의 수련 그림은 지금의 완성도
를 갖지 못했을 것입니다. 다양한 그림을 그려보는 연습을
통해 경험이 쌓이다 보니 어느 순간 자신만의 작품 세계를
구축할 수 있었던 것입니다.

꼭 그림이 아니더라도 이렇게 자신만의 색깔과 적성을
찾는 과정은 꼭 필요합니다. 공부 역시 열심히 하다 보면 좀
더 흥미롭고 내가 더 잘할 수 있는 영역을 알게 되잖아요.
그 과정에서 도전해 보고 싶은 일을 찾기도 하는데요. 우리
는 그것을 꿈이라고 부릅니다.

"아이고, 어리석은 모네야. 처음부터 수련만 그렸어야지.
그랬으면 훨씬 더 멋진 작품을 그렸을 텐데. 괜히 다른 것도
그리면서 시간 낭비했네."

이렇게 생각하는 사람은 없을 거예요. 그 누구도 모네가 수련이 아닌 다른 그림을 그린 것을 두고 '헛고생했다', '시간 낭비했다' 말하지 않습니다. 심지어 인상파라는 장르를 열어젖혔다는 작품도 수련이 아니라 항구에서 떠오르는 해를 그린 작품이죠.

비단 화가만 그럴까요? 피아니스트는 매일 수백 번씩 수많은 곡을 연습합니다. 공연에서 연주하는 곡보다 연주하지 못하는 곡이 훨씬 더 많을 거예요.

아이돌 가수도 마찬가지입니다. 무대에서 보여줄 춤 이외에도 수많은 장르의 춤을 연습합니다. 제가 아는 아이돌 한 분은 발레를 배우기도 했더라고요. 발레 공연을 할 건 아니지만 본업인 안무를 하는 데에 도움이 된다고 해요. 어쨌든 그 덕분에 수준 높은 춤을 출 수 있는 것이고, 다양하게 춰봤던 춤들 중 영감을 받아 멋진 안무가 탄생하게 되는 것입니다.

공부도 마찬가지입니다. 써먹지도 못하는 공부를 한다는 생각이 드는 것은 지극히 정상이에요. 고교과정 과목도 많고 배우는 내용도 엄청 많은데 이 모든 것 중 완벽히 실생활에 써먹는 게 얼마나 되겠어요.

그건 마치 여러분이 지금까지 먹은 수많은 음식 중에 어떤 것이 면역력을 15퍼센트 올려주었는지, 피부 광택을 20퍼센트 더해주었는지 알 수 없는 것과 마찬가지입니다. 하지만 골고루 음식을 먹은 덕분에 여러분은 건강하고 아름답게 성장할 수 있었죠.

먼 미래에 갖게 될 직업에서 써먹을 지식이 무엇인지 고르는 것 자체도 쉽지 않겠지만, 딱 정해서 그것만 배운다면 분명 금세 한계에 도달할 것입니다. 모네는 수련만 그려서 최고가 된 것이 아니라, 오히려 수련만 그리지 않았기 때문에 최고의 수련을 그릴 수 있었던 것입니다.

우리 삶도 마찬가지입니다. 지금 당장은 공부가 쓸모없게 느껴질지도 몰라요. 고된 공부, 끝이 보이지 않는 연습, 실패로만 느껴지는 순간들… 그 모든 경험이 모여 결국 우리는 자신만의 수련을 그려낼 수 있게 됩니다.

인생은 한순간에 이루어지지 않아요. 모네의 업적이 하루아침에 이루어진 게 아니듯, 인생의 명작도 하루하루 쌓여가는 작고 다양한 경험과 노력 속에서 꽃을 피웁니다. 그러니 좀 더 굳은 믿음으로 공부하길 바랍니다. 지금의 시간이 헛되다고 느껴지더라도 언젠가 여러분만의 대작을 그려낼 수 있는 날이 올 거예요. 모네가 그랬듯이 말이죠.

왜 공부해야 하는지 묻는다면

○

한 친구가 '추후 공고'라는 말을 보고 추후공업고등학교를 찾고 있습니다. '심심한 조의를 표합니다'라는 말에는 조의가 심심하니 재미있게 할 방법을 고민하고요. '우천 시 장소 변경'이라는 안내에 우천시가 어디냐고 물을 정도로 문해력과 어휘가 부족하다면 어디 가서 친한 사이라고 소개하기 어려울 거예요.

정말 이런 사람이 있을까 싶지만 실제로 대학 커뮤니티에서조차 이런 단어들의 뜻을 몰라서 질문이 올라오곤 합니다. 대관절은 큰 관절로, 을씨년스럽다는 욕으로, 샌님은 선생님으로 이해한다면 문해력뿐만 아니라 전반적인 지식이 부족하다고 생각할 수밖에 없을 거예요. 국어 시간을 통해 기르는 어휘력은 분명 사회생활의 기반이 됩니다.

어떤 친구들은 시나 소설 같은 문학을 공부하는 게 무슨 의미가 있나 생각하기도 합니다. 실용적으로 보이지 않거든요. 하지만 문학을 배우는 것은 사실 인간에 대해 배우는 과정입니다. 등장인물이 어떤 감정과 의도로 행동하고 말하는지 살펴보면 사람에 대한 이해를 키울 수 있으니까요.

비문학은 말할 것도 없습니다. 회사에서 업무를 할 때 참고하는 보고서나 논문을 이해할 수 있는 능력을 기르려면 사회, 과학 등 여러 분야의 글을 빠르게 읽고 주제를 파악할 수 있어야 합니다.

수학은 어떨까요? 수학을 배우지 않는다면 여러분이 가진 돈을 제대로 관리하기가 어려울 거예요. 조금이라도 복잡한 계산이 나올 때마다 바로 포기해 버린다면 재테크 계획을 세우기도 불가능할 겁니다.

요즘에는 기술이 발전하면서 관련 직종의 수요가 늘어나고 있는데요. 대부분 업무에 수학이 활용되고 있습니다. 대학 시절 공대에서 같이 공부했던 동기 중에 소위 대기업에서 일하는 친구들이 많은데, 대학에서 배운 수학을 여전히 현업에서 사용하고 있다고 합니다. 물론 대학 수학은 중

고등 수학의 기반이 있어야 배울 수 있고요.

사실 우리가 누리는 거의 모든 일상은 수학 덕분에 가능한 거예요. 지금 여러분이 있는 건물은 어떻게 무너지지 않고 안전하게 있을까요? 층간 두께를 무조건 두껍게 만들면 오히려 그 무게 때문에 무너져버릴지도 모릅니다. 재료를 적절한 양만큼 쓰면서 안전하고 사용하기도 편해야 하죠. 이를 수학으로 계산하면 필요한 양과 두께를 도출할 수 있습니다.

게임은 어떤가요? PC 게임이든 모바일 게임이든 사실 수학 계산기와 같습니다. 칼을 휘둘러서 좀비를 처단하면 보상으로 금화를 얻죠. 그런 행동을 하면 계산을 거쳐 금화라는 특정한 값이 나오도록 함수에 설계를 한 것뿐입니다. 앱에서 클릭 한 번으로 나타나는 결과도 모두 수학 계산의 결과이고요.

영어는 굳이 말할 필요도 없죠. 일상에서도 영어로 된 단어나 표현이 워낙 많이 사용되고 있어서 한국에 살든 남극에 살든 영어를 모르고 살아가는 것은 불가능한 시대입니다. 외국인이 지구를 본다면 이 행성의 언어는 영어라고 생각할 정도니까요.

영어를 잘하면 다른 나라로 취업할 수도 있고, 해외여행을 더 재미있고 편하게 다닐 수 있을 뿐만 아니라, 꿈을 더 크게 확장할 수도 있습니다. 사업으로 큰돈을 번 선배의 말이 잊히지 않아요. 자신이 영어만 유창하게 했어도 사업이 몇 배는 더 성장했을 거라고요. 여러분이 미래에 선택할 수 있는 것과 해낼 수 있는 것이 영어 하나로 비교할 수 없이 커집니다.

사회와 과학도 살펴봅시다. 아직도 태양이 지구 주위를 돈다고 우긴다거나 UN을 일본 의류 브랜드로만 아는 친구가 있다면 어떤 생각이 들까요? 처음엔 깜짝하겠지만 점점 답답해질지 몰라요.

사회를 공부해야 정치, 경제, 문화 등 우리 사회가 어떻게 돌아가는지 알 수 있습니다. 이러한 지식들로 주식이나 펀드에 투자해 돈을 벌 수도 있죠. 과학을 공부하면 우리 몸이나 이 세상이 어떻게 이루어졌는지 파악할 수 있고요. 과학 지식을 바탕으로 취업이나 창업의 기회를 발견할 수도 있습니다.

여기까진 그런대로 고개를 끄덕일 수 있어요. 하지만 중요한 질문이 하나 남았습니다.

"몇몇 직업이 아니면 한글만 잘 읽고 덧셈, 뺄셈만 해도 먹고사는 데 지장 없는데 굳이 공부해야 하나요?"

'공신닷컴'에서 제가 수천 번은 받았던 질문입니다. 정말 좋은 질문이에요. 어떤 분들은 진도 나가기 바쁘니까 그런 잡생각 말고 공부나 하라고 말하기도 해요. 저는 이런 질문을 못 하게 하는 게 오히려 문제라고 생각합니다. 왜 하는지도 모르는데 하고 싶은 마음이 생기기는 당연히 어려울 테니까요.

국어는 교통 표지만을 읽고 식당에서 메뉴판을 읽을 정도만 되면 될 것 같고, 수학은 호떡 사 먹고 거스름돈을 제대로 받거나 10퍼센트 쿠폰을 썼을 때 치킨 값이 얼마인지 계산만 되면 괜찮을 것 같아요. 다른 과목도 마찬가지죠. 편의점에서 바나나우유 사면서 미적분 쓰는 사람이 있나요? 어렵고 복잡하고, 실생활에서 절대 쓰지 않는 미적분 같은 것은 굳이 왜 공부해야 할까요?

맞습니다. 전혀 쓰지 않아요. 저는 지금까지 다양한 일을 해왔는데요. 공부했던 것 중에 쓴 것보다 전혀 쓰지 않은 것이 훨씬 많습니다. 아마 앞으로도 평생 꺼내보지 않을 것도 꽤 있을 것 같아요

그런데 여러분이 반드시 알아야 할 게 있습니다. 공부는 꼭 실생활에 써야 해서 하는 게 아닙니다. 우리가 공부하는 정말 중요한 이유는 사고력, 구체적으로 말하면 논리적이고 체계적으로 생각하는 능력을 기르기 위해서입니다. 이 능력은 써먹는 상황이 명확히 보이지 않아 쓸모없어 보이지만 실은 살아가는 데 필요한 가장 중요한 능력 중 하나입니다.

고민하는 과정에서 얻을 수 있는 것들

○

우리나라에서 거의 모든 학생이 경험하는 대학수학능력 시험의 목적이 무엇일까요? 배울 수 있는 능력을 측정하는 시험으로 '사고력 평가'가 주된 목적입니다.

그렇다면 이 사고력이 여러분의 미래와 어떻게 연결되

어 있는지 궁금할 겁니다. 사고력이 밥 먹여주냐고요? 네, 먹여줍니다. 성공하는 사람은 머리가 좋은 사람도, 단순히 오래 일하는 사람도 아닙니다. 생각을 많이, 체계적으로 깊이 하는 사람입니다.

그런 사람들은 사업을 하든, 직장에 다니든, 일상에서든 문제 앞에서 좋은 대안을 제시합니다. 고민하지 않는 사람과 치열하게 생각하는 사람의 성과는 다를 수밖에 없죠.

조금만 생각해야 하는 상황이 오면 머리 아프다고 그만두는 사람이 무슨 일을 해낼 수 있을까요? 고액 연봉을 받는 사람이거나 사회적으로 존경받는 직업에 종사하는 사람들은 대부분 깊이 있게 생각해야 하는 일을 합니다. 게임에 많은 시간을 쏟는 프로게이머나 사람들을 웃기는 게 일인 개그맨도 얼마나 많은 생각과 고민을 하는지 알면 깜짝 놀랄 거예요.

직업을 깎아내릴 의도는 전혀 없습니다만 예를 들어 인형에 눈을 붙이는 일은 생각할 게 많지 않죠. 이런 직업은 좋은 보수를 받기 어려울 뿐 아니라 이제는 로봇으로 대체되어서 일자리를 찾기도 어려워요.

설령 인공지능이 사람의 지적 노동을 대체하더라도 사고력은 여전히 인간이 갖춰야 할 기본 소양입니다. 심지어 인공지능을 잘 활용하려면 사고력은 필수입니다. 아니, 오히려 더 중요해졌어요. 계산기가 발명됐다고 덧셈 뺄셈을 알 필요가 사라졌나요? 수학자 파스칼에 의해 기계식 계산기가 발명된 지 수백 년이 지났지만, 여전히 수학 교육은 중요하고 모든 학생이 배워야 하죠.

그렇다면 깊이 있게 생각하는 사람이 되려면 어떻게 해야 할까요? 당연히 훈련이 필요합니다. 어떤 공부를 하든 사고력을 키울 수는 있겠지만, 정말 깊이 있게 생각하는 능력을 기르려면 어려운 공부를 해봐야 합니다.

단순히 생각만 많이 해서는 안 됩니다. '짬뽕 먹고 싶다', '강성태 못생겼다' 같은 생각은 아무리 많이 해도 사고력이 생기지 않아요. 논리적으로, 체계적으로 생각해야 합니다.

간단히 암기해서 푸는 문제는 별로 고민할 게 없어요. 그냥 외우면 되니까요. 하지만 어떤 시험이든 고난도 문제, 즉 합격과 불합격을 가르는 문제는 엄청난 생각을 필요로 합니다. 그래서 공부는 머리를 아프게 하고 힘든 거예요.

수학 시험지를 한번 보세요. 스토리도 없고 실생활과 전혀 상관없는 숫자와 기호가 가득한 문제로 빡빡하게 채워져 있어요. 애초에 이런 문제들은 편의점에서 바나나우유 사는 데 쓰는 게 아니라 '생각하는 힘'을 길러주는 것이 목적입니다. 그러니 여러분이 실생활에 쓰지 않는 이런 문제에 의문을 갖는 것은 너무나 당연한 일이죠.

이쯤에서 고백해야 할 것 같아요. 대한민국에서 가장 많이 팔린 참고서를 펴낸 저 또한 여러분을 힘들게 하려고 노력해 왔습니다. 문제를 만들 때면 조금이라도 더 생각하게 하려고 엄청나게 고민합니다.

여러분을 괴롭히려는 게 아닙니다. 오히려 사랑해서 그래요. 당장은 힘들어도 나중엔 큰 도움이 되니까요. 유치원생도 풀 수 있는 쉬운 문제만 만들면 저도 편하죠. 하지만 그런 문제로는 발전할 수 없습니다. 앞서 말씀드린 대로 뇌는 고통을 느낄 정도로 힘들지 않으면 굳이 엄청난 에너지를 낭비하면서 발전해야 할 필요를 느끼지 못해요.

정말 극도로 어려운 문제는 그 한 문제를 두고 하루 종일, 심지어 일주일을 고민해야 할 때도 있습니다. 풀리지 않을 때 곧장 답을 보거나 잠깐 생각하고 넘어가는 것도 때론 필요합니다. 하지만 어려운 문제를 붙들고 오랫동안 고민하는 경험도 꼭 필요합니다.

끝내 못 풀어도 괜찮습니다. 생각하는 과정에 큰 의미가 있어요. '어떻게 하면 좋을까?', '바꿔볼 방법은 없을까?', '조건을 바꾸면 될까?', '일단 정답을 쓰고 거꾸로 풀어볼까?' 등 계속 질문을 던지고 찔러보는 거예요. 실력이 올라가는 순간은 정답을 맞혀서 동그라미를 칠 때가 아니라 이렇게 힘들게 생각하고 고민하는 바로 그 순간입니다. 어떤 과목이든 공부할 땐 결과보다 과정이 훨씬 중요합니다.

학생들은 대체로 답을 맞히면 기뻐하고 틀리면 자책합니다. 그런데 그럴 필요가 없습니다. 이런저런 시도를 많이 해보고 생각도 많이 해봤다면 여러분의 실력은 분명히 향상되었을 거예요. 그러니 오랜 시간 고민했음에도 못 풀었다고 좌절하거나 틀렸다고 포기하지 마세요. 오히려 기뻐해야 합니다.

농구 골대 안에 공이 들어가야만 실력이 오르나요? 국가

대표 농구선수도 처음 공을 던질 땐 골대에 잘 넣지 못했습니다. 하지만 그런 과정 덕분에 슛을 날릴 때 필요한 근육이 발달하고, 정확도가 올라가고, 정확한 방법을 찾게 된 것이죠. 그 결과 나중엔 어느 위치에서 던지든, 누가 앞을 가로막든 골대에 빨려드는 듯한 슛을 쏘는 최고의 선수가 된 것입니다.

우리 삶에서 가장 강력한 힘

○

공부하며 기른 '생각하는 힘'은 시험 문제를 푸는 데에만 쓰이는 게 아닙니다. 우리는 살면서 여러 문제를 만나게 됩니다. 일상에서, 사회에서, 직장에서 수많은 문제를 만날 때마다 이를 해결하고 난관을 극복하게 하는 것은 결국 생각하는 힘입니다.

사실 세상 모든 일이 문제라고 할 수 있어요. 돈을 많이 버는 것도, 직장에서 승진하는 것도 결국 내가 부딪힌 하나의 문제인 것이죠. 어쩌면 삶은 문제를 해결하는 과정의 연속일지도 모릅니다.

배가 고프면 공부의신 에너지바를 꺼내서 까먹으면 바로 문제가 해결됩니다. 이런 단순한 문제와 해결법도 있지만, 우리는 살면서 더 복잡한 문제들을 많이 만나게 될 거예요. 예를 들어 휴가지에서 어떤 경로로 이동하는 게 가장 효율적인지 고민할 수도 있고, 가족이나 친구와 불화가 있다면 무슨 말을 해서 관계를 개선할지 고민할 수도 있어요.

공부를 하며 어렵고 복잡한 문제를 풀어본 사람은 이런 크고 작은 인생의 문제들도 잘 풀어낼 수 있습니다. 많이들 어려워하는 수학을 예로 들어봅시다. 수학 문제는 절대 과정을 건너뛸 수 없어요. 순서대로 하나씩 차근차근 풀어야 하죠. 어려운 응용문제는 정답 해설만 몇 페이지에 달합니다. 그런 문제를 차례대로 풀어낼 수 있다면 살면서 마주하는 많은 문제도 잘 해결할 수 있을 거예요.

그렇기에 제가 여러분에게 강력히 추천하고 싶은 방법이 있습니다. 앞으로 인생을 살면서 각종 난관에 부딪히게 될 거예요. 뭔가 잘 풀리지 않는 문제가 있다면 수학 문제를 풀 듯이 접근해 보세요. 일단 상황을 적어서 정리해 보고, 당장 무엇을 할 수 있는지 해결법을 생각하는 거예요. 차근

차근 문제 해결의 순서를 적고, 부족한 부분을 찾아내고, 이런저런 시도로 접근해 보세요. 정말 어려운 문제는 한 번에 답이 떠오르지 않으니 며칠간 생각해 보거나, 필요하다면 처음으로 돌아가서 개념부터 다시 따져야 합니다.

이렇게 한다면 장담컨대 인생의 많은 문제를 멋지게 해결할 수 있을 거예요. 여러분이 가진 문제 해결 능력에 스스로 놀라게 될 겁니다. 사실 여러분에게는 이미 그런 능력이 충분히 있습니다. 명심하세요. 세상에 성공하는 법은 늘 있어요. 다만 우리는 그 생각 자체를 하지 않을 뿐입니다. 단지 공부의 의미와 방법을 알려주는 사람이 없었고, 진득하게 생각할 기회가 없었던 거죠.

각종 스마트 기기와 SNS가 우리에게 생각할 틈을 주지 않잖아요. 사고력이 길러질 기회를 너무나 심각하게 빼앗기고 있어요. 휴대폰을 한번 열어보세요. 오늘 알람이 몇 개나 왔나요? 메시지는 또 몇 개나 왔나요? 15초짜리 영상도 지루하다고 넘겨버리는 세상이에요. 그러다 보니 조금만 머리를 써야 하는 일을 마주하면 너무 힘들어합니다. 버티지를 못하는 거예요.

밤새워 어려운 문제와 씨름하고 있죠? 힘들 거예요. 진정한 고수가 되고 싶다면 강한 상대와 싸워야 합니다. 때로는 얻어터지고 코피 흘리면서 고통스러운 고비를 넘기는 때도 있을 거예요. 하지만 그러면서 상대에게 새 기술을 배우고 맷집도 생기고 평정심을 유지하는 법도 깨닫게 되겠죠. 소위 킬러 문제들은 여러분을 더욱 강하게 만들어줄 것입니다. 어떤 문제도 현명하게 풀어갈 수 있게 도와줄 거예요.

그러니 무시무시한 문제가 있다면 오늘 한번 도전해 보는 건 어떨까요? 무수히 깨지다 보면 언젠가 여러분도 고수가 되는 날이 반드시 올 거예요. 나중에는 더 강하고 못된 상대를 만나도 눈 하나 깜짝하지 않고 '참교육'할 수 있겠죠. 이 세상 모든 고수가 그랬던 것처럼 말입니다.

AI가 가져다줄
인류 역사상 최고의 기회

'공부 잘하는 애들 보면 이제 존경이 아니라 연민이 든다. 어차피 AI가 다 알아서 해줄 텐데.'

'잘 들어라. 공부하면 손해다. 나중에 특이점 올 때 공부한 거 후회하지 말고 지금 놀아라.'

AI 혁명을 향한 우려와 예측 영상을 유튜브에 올린 적이 있습니다. 그때 달린 댓글은 AI 혁명보다 더 혁명적이었던 것 같아요. 꽤 많은 분들이 '이제 공부는 안 해도 된다'고 생각하셨습니다.

처음엔 '이런 댓글을 달아서 남들은 공부 안 하게 만들어 놓고 자기만 열심히 공부할 요량인가?' 하는 생각도 들었습니다. 분명히 말씀드리건대 현실은 절대 그렇지 않아요. 여러분의 기대를 저버리는 결론일 수도 있지만, 세상이 어떻게 변한다 해도 공부는 반드시 해야 합니다. 아니, 세상이 변하기 때문에 공부가 더 중요해졌습니다.

물론 여러분이 느끼는 불안과 무기력을 충분히 이해합니다. 뉴스에서는 연일 '일자리가 줄어든다', '신입사원 채용을 줄인다'는 이야기가 나오니까요. 안타깝게도 실제로 그렇습니다. 경험 없는 신입사원을 잘 뽑지 않거든요.

회사에 처음 입사한 신입사원들이 하는 업무가 무엇인가요? 주로 자료 조사나 정리 같은 업무들입니다. 그리고 이런 업무는 이제 AI가 순식간에 해냅니다. 신입사원을 뽑아서 몇 개월 동안 교육시킬 필요도 없습니다. AI에게 직접 명령을 내리는 것이 더 빠르고 수월해요. 비용도 적게 들고, 사람이 저지르는 실수나 사고도 AI에겐 해당하지 않죠. 업무 시간에 몰래 쇼츠 보면서 히죽거리지도 않아요.

이렇듯 우리를 둘러싼 세상은 자꾸만 '공부의 쓸모'를 부정하는 듯 이야기하지만, 저는 여러분에게 꼭 말해주고 싶어요. 지금이야말로 엄청난 기회라는 것을요. 특히 자신의 미래와 꿈을 위해 열심히 공부하는 학생 여러분에게는 말도 안 되게 놀라운 일들이 펼쳐질 거예요.

잘 생각해 보세요. AI를 사용하기 때문에 채용을 줄인다는 것은 맞습니다. 그런데 그런 기술을 큰 기업들만 사용할 수 있나요? 아닙니다. 우리 또한 충분히 그 기술을 사용할 수 있어요. 이 말은 곧 여러분이 10명, 아니 1000명의 일꾼을 거느리는 것과 다름없습니다. 오히려 비대하고 느린 큰 기업보다 더 나은 성과를 혼자서 낼 수 있다는 뜻입니다. 더나아가 직장에 속한 회사원으로서 정해진 역할만 하는 게 아니라, 여러분이 진정으로 하고 싶은 일들을 마음껏 해볼 수 있는 기회이기도 하고요.

감히 말씀드리건대 인류 역사상 이런 기회는 없었어요. 신분제 사회는 물론이고 산업혁명과 민주화혁명이 일어난 이후에도 개인이 혼자 마음껏 꿈을 펼치는 일은 쉽지 않았습니다. 내가 이루고 싶은 꿈이 클수록 돈도 많이 필요하고 사람도 많이 채용해야 했죠. 하지만 이제는 그럴 필요가 없어졌습니다. 든든한 AI 직원들과 함께 여러분은 큰 회사를 능가하는 '슈퍼 개인 사장님'이 될 수도 있거든요.

이렇듯 인공지능을 잘 활용해 꿈을 펼치려면 어떻게 해야 할까요? 공부 없이 가능할까요? 가만히 생각도 없이 있는데 AI가 내 뜻대로 잘 작동해 줄까요?

인공지능 사용법과 기술은 그야말로 눈이 부시다 못해 따가울 정도로 빠르게 발전하고 있어요. 매주 새로 배워야 할 정도입니다. 너무도 당연한 말이지만 빠르게 변화하는 세상에서 새로운 것들을 습득할 수 있는 능력은 효율적으로 공부해 본 사람만이 발휘할 수 있습니다.

공부를 효과적으로 해본 사람은 AI에 대한 지식도 더 빠르게 습득하고 이해도 빠릅니다. 공부법과 자기 관리와 마인드 컨트롤을 통해 여러 과목들을 학습해 봤으니 그것들을 똑같이 적용할 수 있는 것이죠. 하다못해 벼락치기를 통해서라도 집중력 있게 공부해 본 사람은 달라도 확실히 다릅니다. 그러니 인공지능 시대를 준비하기 위해 학생 여러분에게 공부보다 더 중요한 게 또 있을까요?

빠르게 학습하는 방법을 익힌다면 여러분은 어떤 상황에서도 살아남을 수 있어요. 다윈도 이렇게 말했잖아요. '살아남는 것은 강한 자가 아니라 변화에 적응하는 자다'라고요. 변화에 적응하는 훈련이 곧 공부의 과정과 동일합니다.

준비된 사람에게 기회는 옵니다

○

AI가 중요하다는 것은 알았으니 그럼 이제 국영수 학원 다 때려치우고 AI만 공부하면 될까요? 거듭 말씀드리지만 여러분이 지금 하는 공부는 앞으로의 학습을 위한 기초체력과 같습니다. 마치 한글을 알아야 교과서를 공부할 수 있는 것처럼요.

국어 공부를 하면서 우리는 소통 능력을 기르고, 문학 작품을 공부하며 그 속에 나오는 캐릭터를 통해 다양한 성향의 사람들을 이해할 수 있게 됩니다. 영어를 잘 배워뒀다면 전 세계를 무대로 사업을 펼칠 수 있고, 수학 공부를 통해 끈질기게 문제와 씨름해 본 사람은 그 어떤 문제 앞에서도 포기하지 않습니다. AI를 직접 활용할 때도 다른 공부는 꼭 필요합니다. 무엇을 하든 그것을 사용하고 소비하는 건 사람이기 때문에 심리, 행동, 문화 등 인간에 대한 공부도 필수입니다. 그리고 무엇보다 힘든 공부 속에서도 자신을 사랑하고 지켜온 사람이라면 그 어떤 상황에서도 도태되지 않을 겁니다.

더 나아가 이러한 기본적인 공부들은 사고력을 길러줍니다. 어려운 문제를 풀며 깊이 있는 사고를 해본 사람만이 AI에게 필요한 명령을 내릴 수 있고, 검수도 할 수 있으며, 고객을 잘 이해해 그들의 문제점을 파악할 수 있어요. 공부를 하며 왜 이런 답이 나오는 것인지 비판적으로 생각해 본 사람은 AI가 내놓은 실수들조차 보완하며 최고의 성과를 낼 겁니다.

기회는 준비된 사람에게 찾아오는 법입니다. 일자리가 줄어드니 두렵다고요? 열심히 공부하고 준비한 사람은 신경조차 쓰지 않습니다. 두려워하지도 않아요. 오히려 기회라고 생각하죠. 자신이 잘하는 분야에서 AI의 도움을 받아

능력을 더 자유롭게 펼칠 수 있을 테니까요.

이미 그 기회를 잡는 사람들이 생겨나고 있습니다. AI를 통해 꿈을 이루고, 더 나아가 엄청난 부를 이뤄 국가 경제에까지 이바지한 사람들이죠. 이 분들의 공통점은 '치열하게 공부해 본 사람'이라는 것입니다. AI 시대가 와 불안하다는 건 공부 안 한 사람에게나 적용되는 말입니다.

그러니 걱정하지 마세요. 쉽게 포기하지도 마세요. 지금 최선을 다해 공부하는 나 자신을 믿고 나아가세요. 그런 확신을 가질 수 있다면 여러분은 AI에 대체되는 사람이 아니라, AI를 통해 꿈을 이룬 사람이 될 것입니다. 꿈을 위한 진정한 공부만큼 우리를 배신하지 않고, 정직하게 지켜주는 것은 없으니까요.

수백억을 가져도 시작조차 할 수 없었던 꿈

○

이쯤에서 저 역시 AI를 통해 제 꿈을 이루어가고 있다는 이야기를 들려드릴까 해요. 코로나19 팬데믹 시절을 모두 기억하실 거예요. 그땐 학생들이 학교도 학원도 가지 못했습니다. 그때 저는 학생들의 요청으로 온라인 독서실을 열었습니다. 화상회의 프로그램으로 각자 카메라를 켜고 접속해 제 감독하에 공부하는 것이었죠. 설령 휴대폰을 만지거나 자리를 비우면 가차 없이 '강퇴'를 시켰습니다. (그때 작별인사도 못 하고 강퇴 당하신 분들 미안합니다.) 집중이 잘된다고 소문이 난 덕분인지 대기자가 셀 수 없을 정도로 많았습니다. 방에 들어오지 못해 중계를 보며 같이 하시는 분만 1천 명이 넘었어요.

이렇게 학생 여러분의 성적은 쭉쭉 올랐지만 한편으로 제 피로도 역시 쭉쭉 올라갔습니다. 저와 '공신닷컴' 직원들이 거의 24시간 근무를 서며 감독을 했는데요. 터지지 말아야 할 사고가 터지고 말았습니다. 감독이 소홀한 새벽을 틈타 음란 영상이 재생되는 대참사가 몇 번 일어난 겁니다. '강성태 독서실'은 그렇게 중단되고 말았습니다. 하지만 그 이후로도 정말 많은 분들이 다시 온라인 독서실을 열어달라는 요청을 해주셨습니다. 제가 활동을 하지 않았던 시기에도요.

그래서 저는 AI의 도움을 받아 '토마토마'라는 앱을 만들었습니다. (이 책의 맨 뒤에 소개가 있어요.) 이젠 강성태 대신 AI 카메라가 자습 감독을 해줍니다. 집중하는지도 AI가 다 판독해 주고요. 이제 제가 일일이 여러분을 감독하지 않아도 됩니다. 그게 1천 명이든 1만 명이든 상관없어요. 그뿐만 아니라 이 앱은 집중이 끊어지면 자동으로 일시정지됩니다. '순공' 시간을 정확하게 재주는 스톱워치 기능을 하는 거예요. 그리고 다시 집중이 시작되면 AI가 감지해 저절로 타이머를 스타트해 줍니다. 휴대폰에 손을 댈 필요도 없는 거죠.

여러분은 이미 '빈부와 지역에 상관없이 모든 학생들에게 멘토를 한 명씩 만들어준다'는 제 꿈을 아시잖아요. 대학 시절 정한 이 꿈을 향해 저는 지금껏 달려왔어요. 저의 모든 활동은 이 꿈을 위한 발버둥이었죠. 하지만 그 과정에서 어려움도 정말 많았습니다.

그런데 이제는 AI라는 기술을 통해 '정말 나도 내 꿈을 이룰 수 있지 않을까?' 하는 실낱같은 희망을 품게 되었습니다. 요즘은 하루하루가 너무 흥미진진하고 행복하기까지 해요.

이런 시도는 수년 전만 해도 상상조차 할 수 없었습니다. 수백 명의 개발자와 수백 억의 자금이 있어도 불가능했죠. 그런데 이젠 달라요. 혼자서도 혹은 적은 인원으로도 도전할 수 있게 되었습니다. 심지어 이 앱을 만든 개발자들은 외국인이에요. 우리나라보다 인건비도 싸고요.

기술이 발전한 덕분에 저는 개인임에도 이런 엄청난 도전을 해볼 수 있었습니다. 좋은 아이디어를 통해 멋진 시제품을 만들면 창업 지원금을 받거나 투자를 받아서 전 세계로 뻗어나가는 글로벌 기업을 만들 수도 있어요.

제가 제 꿈을 AI 기술을 통해 실현시키고 있는 것처럼 여러분도 각자 꿈을 펼칠 수 있습니다. 그야말로 '무엇이든 가능한 시대'가 다가오고 있어요.

그러니 부디 AI로 인해 일자리가 줄어든다는 말만 듣고 좌절하지 마세요. 저는 이 글을 읽고 용기를 얻어 자신의 꿈을 다시 생각해 보고, 열심히 공부해 세상을 더 밝게 만들분들이 있다고 확신합니다. 한 분이라도 희망을 가지시는 분이 있기를 진심으로 기도하고 있습니다.

평생 나를 도와줄
공부의 기술

공부는 결국 '성공의 연습'입니다. 공부법은 성공하는 법과 다르지 않습니다. 제가 공부법 강의에서 늘 빼놓지 않고 강조하는 말이기도 한데요. 이 말을 하면 오히려 학생들보다 직장인 분들이 더 많이 고개를 끄덕이고 공감합니다. 학창 시절도 보내보고 직장 생활도 해보니 정말 이 말에 틀림이 없다는 거죠.

실제로 공부법을 충실히 배우고 그것을 공부에 적용해 열심히 실천하면 나중에 어떤 일을 해도 성공할 확률이 높아집니다. 공부할 때 우리가 자주 이야기하는 몇 가지 키워드를 가지고 지금 하는 공부가 삶에 얼마나 의미 있고 중요한지를 알아보겠습니다.

먼저, 공부법에서 그야말로 빠질 수 없는 것이 '계획 짜는 법'입니다. 시험을 준비하거나 공부를 할 때 계획을 세우고 하루하루 지켜나가는 것은, 사실 직장에서 '프로젝트 관리'를 하기 위한 훈련과도 같습니다. 프로젝트 매니저로서 가장 중요한 역할이 '일정 관리'이거든요. 혼자 하는 프로젝트든 여럿이 팀을 짜서 하는 프로젝트든 일정을 제대로 관리하려면 당연히 일에 앞서 계획을 세워야겠죠.

계획 없이 일을 시작했다가는 소위 '마감 지옥'을 맛보게 됩니다. 계획이 없다는 건 그날 해야 할 일의 목표도 없고, 그 일이 얼마나 걸릴지도 모른다는 뜻입니다. 일정을 맞추지 못해 납품 기일이 틀어지면 많은 협력사와 고객에게 피해를 줄지도 모릅니다. 내가 오늘 해야 할 공부의 양도 모르고, 그 양을 해내기 위해 얼마나 시간을 써야 할지도 모른 채 손에 잡히는 대로 공부했다가 시험을 망쳐본 경험이 있나요? 학창 시절에는 그렇게 해도 피해가 적을 것입니다. 내 공부만 망치는 거니까요.

예를 들어 여러분이 백만 명의 시민이 몰려오는 한강 불꽃축제의 매니저가 되었다고 생각해 봅시다. 오늘 해야 할 일을 미루거나 계획을 비현실적으로 세워서 정해진 날짜에 행사를 못 열게 되었어요. 어떻게 될까요? 불꽃 대신 내 인생이 펑펑 터질지도 몰라요.

제품에 들어가는 부품을 일정 안에 납품하지 못해서 제품이 통째로 출시되지 못했다면 내 회사만 망하는 게 아니라, 관련된 다른 회사들도 피해를 입게 됩니다. 그로 인한 위약금으로 빚더미에 앉을 수도 있겠지요. 아마 사장님 마음속도 불꽃처럼 펑펑 터질 거예요.

지금 우리가 오늘 할 공부를 며칠 미룬다고 해서 큰일이 나지는 않습니다. 그러나 직장에서는 분명히 다를 겁니다. 월급이 깎이거나 고과 점수를 못 받아서 승진에서 영영 누락될 수도 있어요. (학교에서는 시험 좀 못 봤다고 다음 학년으로 올라가지 못하는 경우는 없죠?) 심지어 짐을 싸야 할지도 모릅니다. 회사는 일을 제대로 해내지 못하는 나 말고 다른 유능한 사람을 뽑으면 되거든요.

학교나 학원에서처럼 "선생님, 한 번만 봐주세요~" 이런 애교는 안 통할 겁니다. '에라, 오늘은 공부할 맛이 안 나네. 오늘은 종 쳤다. 인생 뭐 있냐?' 하는 생각도 어림없습니다.

통해도 한두 번이겠죠. 내가 일정을 못 맞추고 펑크 내면 고 스란히 다른 동료나 상사들이 그 책임을 져야 합니다.

공부하며 계획을 짜본 적이 없다면, 직장 생활이나 자기 사업에서 효과적으로 계획을 짜고 달성할 수 없을 것입니 다. 혼자 하는 공부 계획도 현실적으로 짜지 못하고 지키지 도 못하는데, 자기 업무는 물론 팀 전체의 스케줄을 관리한 다는 건 쉽지 않을 거예요.

계획을 세워서 공부한다는 것은 과제들을 잘게 쪼개고, 우선순위를 고려하여 가장 능률이 오를 시간에 효율적으로 분산 배치하고, 그것들을 하나씩 해나가면서 성취감을 얻 고, 중간중간 부족한 부분을 보완해 나가는 과정입니다.

특히 공부는 하루아침에 이루어지는 것이 아니라 몇 주, 몇 개월, 심지어 몇 년이 걸리는 과정이기 때문에 계획을 짜 고 하나씩 해나가는 데 가장 좋은 훈련입니다. '숙제'가 '업 무'로 바뀌었다 뿐이지 회사에서 일정을 짜고 지키는 것은 정확히 여러분이 공부할 때 계획을 세우고 지키는 것과 동 일합니다.

계획을 짜고 작은 목표들을 달성해 나가는 방법은 공부

나 일을 하는 그 자체라고 볼 수 있어요. 기본 중의 기본이지만 이것은 매우 작은 일부일 뿐입니다.

내 인생을 차근차근 준비하는 연습

○

공부법에서 중요한 주제 중 하나로 '집중'하는 법도 필수입니다. 이 세상에 집중이 필요하지 않은 일이 있을까요? 공부도 업무도 요리도 운동 경기도 심지어는 게임도 모두 집중이 필요하고, 집중하지 않으면 그 어떤 성과도 기대할 수 없습니다.

사무실에 앉아 계속 멍 때리면서 업무 시간을 통째로 날려버렸다면 아마도 조만간 책상을 비워줘야 할지도 모릅니다. 공부 좀 안 한다고 학교에서 "더 이상 학교에 나오지 마세요, 학생 인생이 어떻게 되든 우리는 책임지지 않습니다"라고 말하진 않잖아요. 그런데 직장을 다니는 것도, 다른 곳과 협업을 하는 것도 모두 자신들의 필요에 의해 맺은 계약이기 때문에 그냥 계약을 해지하고 더 이상 함께하지 않습니다.

집중하는 법을 알고 그 방법을 활용해 훈련하다 보면 회사를 다니든 사업을 하든 유용하게 사용할 수 있습니다. 공부를 제대로 해본 사람은 자신이 밤샘 작업을 해도 되는 사람인지, 언제 주로 집중이 잘되는지, 커피로 정신을 차린다면 몇 잔 마셔야 효과가 있는지, 즉 자신의 집중 조건을 잘 알고 있기 때문에 다른 일을 할 때도 적용할 수 있습니다. 공부를 통해 우리는 계속 삶의 기술을 연습하고 스스로에 대해 더 자세히 알아갑니다.

회사에 다니다 보면 수십, 수백 장의 보고서나 논문을 봐야 할 때도 있고, 업무 실력을 높이기 위해 수험생처럼 빡세게 공부해야 할 때도 있습니다. 매일 수도 없이 많은 메일과 메시지를 주고받는 건 기본이고요. 얼마나 많은 연락이 오가는지 이것만으로도 정신을 차릴 수 없을 지경일 겁니다.

심지어 이것들을 AI로 요약한다고 해도 어쨌든 사람인 여러분이 빠르고 정확하게 읽어내야 합니다. 더 많은 요약본들의 핵심을 빠르게 파악할 수 있다면 남들보다 월등히 앞서갈 수 있죠. 우리는 공부를 통해 이 훈련을 지금도 하고 있습니다. 바로 '속독'입니다.

속독은 긴 글을 최대한 빠르게 독해해서 글의 주제와 글을 쓴 사람이 말하고자 하는 바를 캐치하는 것입니다. 저는 독해하는 법을 '속독법'이라고 부르는데요. 독해를 아무리 한들 하루 종일 한다면 어디에도 써먹을 수 없기 때문입니다.

대학수학능력시험을 포함한 모든 시험은 시간과의 싸움입니다. 시간을 무제한으로 주면 점수는 무조건 올라가거든요. 시간이 부족해서 못 풀거나 실수하는 것들이 어디 한두 개인가요? 그렇기에 모든 훈련은 마치 시험을 치르듯 실전처럼 주어진 시간 안에 푸는 데 초점이 맞춰져 있어야 합니다.

오죽하면 제가 쓴 영어독해 교재 이름이 '강성태 영어독해'가 아니라 『강성태 영어독해 속독편』이겠어요. 다른 편이 따로 있는 것도 아닌데, 속독이 중요하다는 것을 강조하기 위해 일부러 넣었습니다.

논리적으로 잘 쓴 글의 구조는 몇 가지로 정해져 있습니다. 그래서 그 구조가 반복됩니다. 구조를 미리 파악하고 연습해 두면 비슷한 구조가 나왔을 때 빠르게 읽을 수 있는 건 물론이고, 심지어 거의 읽지 않고도 주제가 어디 있는지를 찾아낼 수 있습니다.

특히 수능 영어는 출제되는 지문의 길이가 고작 한 문단인데요. 문장 수로 치면 열 문장이 넘지 않습니다. 그래서 놀랍게도 나올 수 있는 지문의 구조가 충격적으로 적습니다. 열 가지 구조 정도만 체득되어 있다면 글의 첫 부분만 봐도 내용을 그릴 수 있습니다. 이런 훈련이 되어 있다면 어떤 글이든 빨리 읽고 이해할 수 있죠.

여러분, 공부할 때 '노트 필기'는 효과적으로 하고 있나요? 노트는 여러분의 또 다른 뇌입니다. 필기는 내용을 쓰면서 외우거나 나중에 다시 보기 위해서 적어두는 것만이 아닙니다. 물론 그것만으로도 필기의 의미는 충분하지만 더 중요한 이유가 있습니다.

필기는 생각을 정리하는 비결입니다. 노트에 어떤 식으로 일목요연하게 구조화하느냐에 따라 암기의 수준이 달라집니다. 심지어 필기만 잘해두면 따로 시간을 내지 않아도 어떤 부분은 내용을 저절로 외울 수 있습니다.

저도 처음에는 필기를 어떻게 효과적으로 해야 하는지

몰랐습니다. 분명 제가 쓴 내용인데도 이해하지 못했습니다. 강아지가 발로 쓴 수준이다 보니 쳐다보기도 싫더라고요. 선생님이 분명 중요하다고 말씀하신 내용인데 필기가 뒤죽박죽이다 보니 적어놓고도 제대로 안 봐서 문제를 틀리는 경우도 많았습니다.

지금까지 제가 공부법 강의에서 알려드린 필기법만 해도 한둘이 아닌데요. 마인드맵 정리법, 코넬식 노트정리법, 블러팅 정리법, 그리고 각종 공신들의 개성 있는 필기법까지… 이런 것들을 참고해 공부하는 데 활용하다 보면 나중에 일을 하면서도 고스란히 써먹을 수 있습니다. 실제 많은 회사에서 창의적인 생각이나 비판적인 사고를 할 때 사용하는 정리 기법이기도 하고요.

'마인드 컨트롤'은 어떤가요? 마음을 다잡는 방법 또한 공부법에서 매우 중요한 영역입니다. 심지어 이 책조차 마음가짐에 대해 많은 분량을 할애하고 있습니다. 왜냐하면 모든 것이 결국에는 사람의 마음에 달려 있기 때문입니다.

여러분도 이제 잘 알고 있잖아요. 공부는 불안과 걱정과의 싸움이라는 것을요. 끊임없이 난관에 부딪힙니다. 포기하고 싶고 그냥 다 잊어버리고 싶을 때도 많아요. 그때마다 마음을 다잡고 다시 앉아서 힘들더라도 참고 묵묵히 확신을 가지고 해나가야죠. 어디 공부에만 이런 마인드 컨트롤이 필요할까요? 여러분이 무슨 일을 하든 마인드 컨트롤은 기본 중의 기본입니다.

그 밖에도 효과적으로 휴식하는 법, 슬럼프 극복법, 스트레스 관리법, 체력 관리법 등 모든 공부법 중 어느 하나도 삶에 필요하지 않은 게 없습니다.

중요한 것은 물고기가 아니라 물고기 잡는 법을 알려주는 것이라고 하죠. 공부법이야말로 물고기 잡는 법입니다. 그 방법들이 스스로 고안해 낸 것이건, 저를 포함해 누군가에게 배운 것이건 우리는 지금 하고 있는 이 공부를 통해 삶과 성공을 열심히 연습하고 있습니다.

공부를 통해 지식을 내 것으로 만드는 게 전부가 아니랍니다. 오히려 그 외의 것들이 더 중요할 수도 있어요. 그것들은 비록 지금 당장 잘 보이지 않지만 여러분의 진정한 경쟁력이 되어줄 것이고, 꿈을 이뤄주는 가장 든든한 힘이 되어줄 테니까요.

어른이 된 지금도 공부법을 씁니다

○

저는 펜 욕심이 많습니다. 비싼 펜을 모으는 건 아니고요. 펜이 주머니 어딘가에 있어야 마음이 놓입니다. 좋은 아이디어가 떠오르면 바로 적어야 하는데, 휴대폰을 잡는 것보다 펜을 들면 확실히 생각이 더 잘 정리되거든요.

더 중요한 이유는 여러분에게 나눠주기 위해서입니다. 학생들이 저를 알아보는 경우가 종종 있는데요. 열심히 하라는 의미로 가방에서 뭐라도 꺼내 주고 싶었습니다. 하다 못해 줄 게 없으면 제가 쓰던 펜이라도 내밀었죠. 그런데 어느 날 펜을 받은 학생이 갑자기 눈물을 보이더라고요. 이 펜으로 공부하면 반드시 합격할 것 같다면서 너무 감사하다고 울더라고요. 지금 생각해 보면 길에서 순진한 여학생을 울린 사람처럼 보였을 수도 있겠네요.

이 펜 한 자루가 뭐라고, 펜 하나로 여러분이 열심히 공부할 수 있다면, 인생이 바뀔 수 있다면 제가 얼마든지 나눠 주어야겠다는 생각이 들었어요. 그다음 날 삼색펜 1만 개를 주문했습니다. 조금이라도 도움이 될까 싶어서 '이 펜 다 쓸 때까지 공부하면 공신된다', '다 쓰면 강성태가 밥 사준다' 등의 문구도 프린트했죠.

사실 널리고 널린 게 펜입니다. 제가 준 펜보다 더 좋은 펜도 많을 겁니다. 하지만 중요한 건 스스로 '이 펜으로 공부하면 합격한다'라고 믿는 마음입니다. 그 믿음이 공부를 더 잘되게 만듭니다.

그런데 왜 삼색펜을 주문했을까요? 저는 이 삼색펜을 고등학생 시절부터 쓰고 있는데요. 처음에는 시간을 아끼기 위해서 썼어요. 필통에서 빨간 펜, 파란 펜 꺼내는 시간도 아끼고 싶었거든요 그 몇 초라도 쌓이면 한 문제라도 더 풀 수 있으니까요. 그리고 꼭 어떤 색깔의 펜을 쓰려고 하면 친구가 빌려가서 없거나, 이놈이 발이라도 달린 건지 갑자기 사라졌거나, 집 책상에 놓고 올 때가 자주 있었는데 그게 싫었죠.

두 번째 이유는 색깔을 효과적으로 활용하기 위해서였습니다. 공부하는 학생 중에 색깔 펜이 없거나 쓰지 않는 경우는 드물어요. 하지만 활용법이 효과적이지 못한 경우가 많습니다.

빨간 펜을 언제 쓰냐고 물어보면 중요한 걸 표시하거나 채점할 때 쓴다고 합니다. 그럼 파란 펜은요? 빨간 펜을 잃어버렸을 때 쓴다고 하더라고요.

저도 중요한 내용에는 빨간 펜을 썼어요. 선생님이 중요하다고 말씀하신 내용이나 시험에 나온다고 한 부분은 정말 크게 표시했습니다. '시험'이라고 대문짝만하게 적어서 눈에 띄지 않거나 놓칠 일이 없었죠.

파란 펜은 좀 더 특이하게 썼어요. 이해되지 않거나 모르는 내용이 나오면 늘 파란색으로 표시했습니다. 수업을 듣든 자습을 하든 문제집 속 제가 모르는 내용들은 늘 멍든 것 같은 파란색이었죠.

일반적인 필기나 수업 내용의 보충 설명은 검정 펜으로 썼습니다. 물론 중요한 내용이라면 빨간색으로 표시했고, 이해되지 않는 곳에는 파란색을 덧붙였죠.

이 간단한 색깔 활용법은 시험 기간에 특히 빛을 발했습니다. 시험이 임박해서 벼락치기를 해야 할 때에도 저는 당황하지 않았어요. 왜냐하면 당장 공부해야 할 것이 딱 정해져 있었거든요.

파란색만 보면 제가 모르는 부분, 즉 공부해야 할 부분만 골라서 볼 수 있었어요. 빨간색을 보면 시험에 나올 중요한 내용을 전부 볼 수 있었고요. 그것만 봐도 어느 정도 성적은 나왔죠. 물론 가장 급한 건 파란색과 빨간색이 같이 있는 부분이었어요.

공부를 효과적으로 하지 못하는 학생들에게는 공통점이 있습니다. 항상 시험에 나오지 않을 부분만 붙들고 있어요. 선생님이 외계인에게 납치라도 당하지 않는 이상 나올 리 없는 그런 부분만 열심히 파고 있습니다. 혹은 시험 범위 중에서 자기가 아는 부분만 공부합니다. 얼마 되지 않는 아는 부분이 반가워서 그런 건지 그것만 붙들고 있어요.

세상 모든 일에는 우선순위가 있습니다. 당장 내일이 시험인데 나중에 해도 충분한 사진 앨범 정리를 굳이 할 필요는 없죠. 프로젝트 마감이 당장 내일이면 내년 여름휴가 계획은 며칠 뒤에 세워야 하고요.

공부도 마찬가지예요. 시험에 반드시 나올 중요한 부분만 파고 들어야 하고, 내가 모르는 부분을 계속 보면서 내 것으로 만들어야 해요. 저는 이 작은 펜 하나로 효과적으로 공부할 수 있었어요.

저는 색깔 별로 '중요한 것'과 '모르는 것'이라는 명확한 기준을 세웠는데요. 그 기준은 공부에 따라 달라질 수 있습니다. 꼭 펜 하나에 세 가지 색이 아니어도 되고요. 사색펜, 오색펜도 써봤는데 제 개인적으로는 색이 너무 많아지면 한 눈에 잘 들어오지 않고 오히려 복잡해지더라고요.

이 방법을 학생이었을 때만 썼을까요? 아니요. 지금도 매일 같이 씁니다. 저는 여러분에게 조언을 해주기 위해 책을 많이 읽는데요. 그때마다 이야기해 줄 만한 내용은 빨간 펜으로 줄 치거나 메모합니다. 바로 이해되지 않아서 관련된 자료를 찾아봐야 한다면 파란 펜으로 표시해 두고요. 학창 시절에 습관이 된 방법을 어른이 된 지금까지도 계속 쓰고 있는 겁니다.

사실 이 책도 삼색펜으로 썼어요. 책을 쓰다 보면 수많은 수정을 거쳐야 하거든요. 수정해야 할 부분은 빨간색으로, 자료를 더 확인해야 할 부분은 파란색으로 표시합니다.

지금까지 쓰고 있는 공부법이 이것 하나뿐일까요? 저는

이 글을 쓰는 지금 컨디션이 아주 좋아요. 하루 중 컨디션이 가장 좋은 때에 글을 쓰거든요. 여러분에게 최고의 내용을 전달하고 싶어서요. 제가 컨디션이 좋을 때는 숙면을 취한 직후나 쪽잠을 자고 일어났을 때입니다. 자고 일어나면 약간 멍멍한 느낌이 들면서 집중이 잘되는 타이밍이 있거든요. 보통 3시간 넘게 유지되진 않는데, 그래서 늘 이때 가장 중요한 일을 하려고 합니다. 심지어 이 점을 활용하기 위해 일부러 쪽잠을 자기도 한답니다. (실제로 자기 전에 공부한 것을 수면 후 한 번 더 복습하는 것이 매우 효과적이라는 게 과학적으로 밝혀지기도 했습니다.)

저는 공부를 통해 스스로를 더 깊게 이해할 수 있었습니다. 저에게 효과적인 방법들, 제가 선호하는 과목이나 공부법, 심지어 신체 리듬까지도 말이죠. 그렇게 찾은 것들은 제 꿈을 위해 하는 일에도 고스란히 적용한답니다.

계획을 짜든, 수면을 관리하든, 동기부여를 하거나 일에 집중하거나 책을 읽을 때도 미친 듯이 공부하던 시절에 터득한 방법과 연관되지 않은 것이 거의 없을 정도입니다.

이것들은 제가 가진 돈이나 인맥은 물론이고 그 어떤 것보다 훨씬 강력한 무기가 되었습니다. 그런 방법들을 모으고 모아 여러분에게 알려드리는 것이 저의 사명이기도 하고요.

공부는 분명 쉽지 않아요. 하지만 지금 어렵게 터득한 방법들이 분명히 여러분의 오랜 친구가 되어줄 것입니다. 마침내는 여러분의 꿈도 이뤄줄 것이고요.

세상은 아는 만큼 재미있고
공부한 만큼 보입니다

"마침내 인류가 외계 생명체의 존재를 찾아냈다!"

2019년 4월 10일 밤 10시, 유럽남방천문대에서 중대 발표를 하겠다고 선언했습니다. 이 발표는 워싱턴, 상하이, 도쿄, 타이베이, 산티아고 등 전 세계에 생중계되었고, 네티즌들은 이 소식을 듣고 엄청난 궁금증과 동시에 두려움을 느꼈습니다. 인터넷 게시판에는 마침내 외계 생명체를 발견했다고 난리가 났었죠.

그런데 기자회견에서 공개된 것은 인류가 최초로 촬영한 '블랙홀의 실제 사진'이었습니다. 이로 인해 인류는 지구상의 생명체 중 최초로 우주의 중요한 한 장면을 직접 목격하게 되었죠. 저 역시 천문학자는 아니지만 살아생전에 블랙홀을 본다는 것이 신기해서 그 사진을 SNS에 올렸습니다.

그런데 재미있게도 댓글 반응이 양쪽으로 갈렸습니다. 한쪽에서는 '사진을 보고 가슴이 두근거렸다', '블랙홀이 정말 찍힌 것이냐', '앞으로 과학이 더 발전하면 좋겠다' 하는 감탄이 쏟아졌는데요. 다른 쪽에서는 '그냥 도넛이구만', '반지의 제왕 사우론의 눈이다', '누가 연탄불에 대고 사진 찍었냐' 같은 유머 섞인 반응이 나왔습니다. 심지어 '구운 버터 같아요', '엽떡 같아요'라는 댓글도 있었습니다.

솔직히 사진 자체는 기존의 우주 사진과 별다를 게 없습니다. 모르는 사람이 보면 전혀 감동적이지 않을 수도 있죠. 하지만 관련 지식이 조금이라도 있는 사람이라면 이 사진이 얼마나 특별한지 단번에 알 것입니다.

놀랍게도 이 블랙홀은 빛의 속도로 5500만 년을 나아가야 도달할 정도로 멀리 떨어져 있고, 지구 질량의 33만 배인 태양 질량의 무려 65억 배에 달하는 거대한 존재입니다. 블랙홀을 촬영하기 위해 지구상에 있는 여덟 대의 전파망원경으로 지구 크기만 한 가상의 망원경을 구성해서 촬영했다는 사실을 안다면 그저 도넛 같다고 쉽게 넘기지 않았을 것입니다.

더 나아가 이 블랙홀 사진이 아인슈타인이 수학적으로 증명한 일반상대성이론이 옳다는 것을 증명해 주었다는 사실을 안다면 사진을 보는 눈이 완전히 달라질 것입니다.

우리는 있는 그대로의 세상을 보고, 듣고, 느낀다고 생각합니다. 하지만 그건 완전한 착각입니다. 우리는 어디까지나 아는 만큼 보고, 듣고, 느낍니다.

누구에게는 태어나 본 것 중에 가장 짜릿하고 경이로운 사진이지만, 다른 누군가에겐 심심하기 짝이 없는 사진일 뿐입니다. 이 에피소드가 뜻하는 게 무엇일까요?

"알면 재미있고 모르면 재미가 없습니다."

맛있는 음식을 더 맛있게 먹는 법

○

여러분도 밀면 좋아하세요? 저는 무척 좋아합니다. 시원한 육수와 매콤한 소스, 거기에 만두도 한 판 추가해서 먹어야죠. 부산에 가면 바쁜 와중에도 기차를 놓칠 각오까지 하면서 꼭 식당에 들러서 먹곤 했습니다. 좋아하게 된 데에는 이유가 있어요.

1950년 6월 25일 새벽 4시, 북한의 기습 공격으로 6·25전쟁이 발발했습니다. 서울은 3일 만에 정복되었고, 우리나라는 계속해서 밀리고 밀려 낙동강까지 내려왔죠. 결국 국토의 가장 끝이었던 부산에 임시 수도를 세웠습니다. 피난민 중에는 북한에서부터 공산당을 피해 내려오신 분들도 꽤 있었습니다. 이분들 또한 부산에 정착하게 되었습니다.

원래 냉면은 북쪽 지방 음식이었습니다. 함흥냉면, 평양냉면 두 종류가 있는데 둘 다 북한 도시잖아요. 이분들은 고향에서 즐겨 먹던 냉면을 만들고 싶었지만 주재료인 메밀과 전분을 구하기가 어려웠습니다. 대신 미군들이 구호품으로 지원해 주어 비교적 구하기 쉬웠던 밀가루를 활용해 냉면을 만들기 시작한 것이 밀면의 시초가 되었습니다.

이런 스토리를 아는 과정은 재미있기도 하지만, 먹을 것이 귀하던 그 시절 피난민들이 얼마나 맛있게 먹었을까를 생각하면 밀면 한 그릇이 정말 감사하고 특별하게 느껴집니다. 여러분도 다음에 밀면 먹을 때 이 스토리를 떠올려보세요. 정말 몇 배는 더 맛있게 느껴질걸요.

우리나라 음식을 이야기했으니 다른 나라 음식도 이야기해 봅시다. 저는 음식의 역사에 대한 이야기를 좋아하거든요.

영국 음식은 무엇으로 유명한가요? 맞습니다, 맛없기로 유명합니다. 심지어 영국 음식을 '혀에 대한 공격'이라고 놀리기도 해요. 그래도 그중에서 가장 유명하고 사랑받는 음식을 꼽자면 단연 피시앤칩스입니다. 대단한 건 아니고 생선과 감자를 튀긴 거예요. 신발도 튀기면 맛있다는데 맛없기 힘든 음식이죠.

사실 피시앤칩스조차 영국 고유의 음식이라기보다 유대인으로부터 시작된 음식입니다. 유대인들은 안식일에 고기를 먹으면 안 되고 일을 해서도 안 되는데요. 그래서 고기대신 생선과 감자를 전날에 튀겨둔 겁니다. 이런 유대인의 문화가 영국에 퍼지게 되었죠.

그런 영국에서 역사적인 일이 일어나는데요. 바로 산업혁명입니다. 당시 노동자들은 최악의 근로 환경에서 하루 16시간이나 일했습니다. 높은 열량이 필요한데다 식사를 빨리 해야 했기에 피시앤칩스가 인기를 얻었습니다. 뜨거운 기름에 넣었다 빼면 순식간에 익으니까 일종의 패스트푸드였던 셈이죠. 게다가 어업과 철도의 발전 덕분에 생선과 감자가 다른 식재료에 비해 비교적 저렴했거든요. 오죽하면 『동물농장』, 『1984』를 쓴 작가 조지 오웰은 그 열악한 근무 환경 속에서도 영국에서 프랑스혁명 같은 일이 일어나지 않은 게 피시앤칩스 덕분이었다고 말했을 정도입니다.

1, 2차 세계대전 동안에 영국에서는 여러 식료품을 배급으로만 구할 수 있었는데요. 전쟁 중이라 사재기가 있을 수도 있고 물자를 아껴야 하니, 나라에서 식료품을 마음대로 사고 팔 수 없게 통제를 했던 거죠. 그런데 그중에서도 생선과 감자는 예외였습니다. 섬나라인 영국에는 생선도 흔했고 감자도 많이 생산되었거든요. 그러니 피시앤칩스가 더 인기를 얻게 되었죠.

안식일에 신께 감사드리면서 먹었던, 고된 노동에서 잠깐의 쉼이 되었던, 전쟁으로 먹을 게 부족하던 와중에 어머니가 맛있게 튀겨주신 피시앤칩스! 얼마 전에 영국의 박물관을 둘러보러 런던을 다녀왔는데요. 이런 생각을 하며 피시앤칩스를 먹으니 입에서 살살 녹더라고요. 오늘 저녁은 타르타르소스를 듬뿍 바른 생선가스라도 먹어야겠습니다.

어디 이런 게 음식뿐일까요? 여행을 떠나기 전 그 나라의 역사, 문화, 경제를 조금이라도 알고 간다면 길거리 음식이나 사람들의 행동 하나까지도 새롭게 느껴질 것입니다.

게임도 그렇습니다. 규칙을 알아야 재미가 있어요. 야구의 규칙도 모르고 팀이나 선수에 대해서도 전혀 모른다면, 어떻게 야구 경기를 재미있게 볼 수 있겠어요? 같은 경기를 보면서도 아는 사람은 흥미진진하게 즐기지만, 모르는 사람은 그저 철모 쓰고 방망이만 휘두른 뒤에 냅다 뛰는 것처럼 보일 뿐입니다.

학창 시절에 제가 '삼국지'라는 게임에 미친 듯이 빠져 있을 때 어머니께서 "하루 종일 지도만 들여다보는 데 뭐가 그리 재미있니?"라고 물으시더라고요. 중국 지도를 펴놓고 땅따먹기를 하는 게임이라 그렇게 보셨나 봐요. 그렇게 말씀하시던 부모님이 최근에는 골프에 취미를 붙이셨습니다.

정말 골프에 환장하셨다는 말이 나올 정도로 저희 어머니는 동네 스크린 골프장에 그곳 사장님보다 더 오래 계시는 것 같아요. 골프도 그렇습니다. 골프를 잘 모르는 저 같은 사람에게는 화면의 90퍼센트가 잔디밭에 불과한, 계속 걸어 다니기만 하고 가끔씩 한 번 막대기로 공을 치는 저 운동이 왜 재미있는지 절대 이해할 수 없습니다. 모르면 즐길 수 없습니다.

우리가 중요하게 여기는 돈 버는 일도 마찬가지입니다. 누군가는 그냥 지나쳤을 것들이, 그 이면의 지식과 원리를 아는 사람에게는 엄청난 사업의 기회로 보이는 거죠. 실제로 많은 기업가들이 그렇게 성공의 길을 걸어왔습니다. 왜냐하면 세상은 우리가 아는 만큼, 공부한 만큼 보이는 법이거든요.

딱 한 번이라도 희열을 느낄 수 있다면

○

제 이름 앞에 붙는 '공신'은 원래 공부의 신이 아니었습니다. 공신은 대학 시절 운영했던 교육 봉사 동아리 이름이었는데요. 소외 계층 학생들이 '공부를 신나게' 하도록 도와주자는 뜻이었죠. 나중에 '공부의 신'이라는 이름으로 책도 내고 강의도 하다 보니 '공신'이 공부의 신의 줄임말이 되어버렸고, 공부를 잘하는 사람을 뜻하는 의미로도 사용되었습니다.

동아리 이름을 앞 글자만 따서 정하게 된 이유는 어느 날 제가 받은 충격 때문이었습니다. 군대를 다녀오고 복학하니 후배들이 온갖 말을 다 줄여서 쓰는 거예요. "선배님, 저희 도라지에서 봐요!" 라는 말을 듣고 뭔 소린가 했는데, 알고 보니 '도서관 라운지'를 줄여 쓰는 말이었습니다. 복학생 입장에서 교육 봉사 동아리 이름도 뭔가 줄임말로 지어야 할 것 같더라고요.

다들 하도 줄여서 말하다 보니 그걸 비꼬는 표현도 생겼어요. '별다줄'이라는 말도 있더라고요. (다들 무슨 뜻인지 아시죠?) 웃긴 건 줄임말을 풍자하는 그 표현조차 줄여서 쓴다는 거예요.

이런 일이 최근에만 있었던 것은 아닙니다. 16세기 영국에서는 헤어질 때 "God be with you(신이 너와 함께하길)"라는 표현을 썼습니다. 그런데 언젠가부터 그걸 짧게 표현한 'God bwye'가 젊은 사람들 사이에서 트렌드가 되어버린 겁니다. 급기야 나중에는 발음을 자기들 방식대로 바꿔서 표현하기까지 했어요. 'God' 대신 'Good'으로요. '강성태'를 '콩성태'라고 표현하는 것처럼 말이죠. 재밌잖아요. 그러다가 'Goodbye'가 되었는데 결국엔 'Good'도 빠지고 'Bye'만 남았죠. 헤어질 때 말하는 그 'Bye' 말입니다.

저는 바쁠 때 종종 빵으로 식사를 때웁니다. 그중에서도 바게트를 좋아하는데요. 파리 여행을 갔을 때 2000~3000원이면 갓 구운 바게트를 살 수 있더라고요. 따끈한 바게트에 버터를 발라 먹었더니, 오 마이 갓. 너무 맛있어서 내내 들고 다니며 먹었습니다. 길바닥에서 버터 잘라서 바게트랑 먹고 있던 사람, 노숙자가 아니라 저였어요.

크림빵도 좋아하고 케이크도 좋아합니다. 원래 단 음식을 안 먹었는데 책 쓰고 강의하다 보면 너무 지치더라고요. 요즘엔 책을 쓴다고 '1일 1티라미수'를 하고 있어요. 제가 이렇게 좋아하는 빵, 발음도 특이한 빵이라는 단어의 유래는 무엇일까요?

빵은 일본을 통해 우리나라에 처음 들어왔어요. 그리고 일본에는 포르투갈 상인들이 빵을 전파했죠. 빵의 어원인 'pan'을 그대로 발음하면 '판'인데, 그것을 일본식으로 발음한 게 우리나라에서는 '빵'이 되었습니다.

'pan'으로부터 만들어진 단어는 참 많습니다. 'pancake'라는 단어도 너무나 직관적이에요. 'pan(빵)'과 'cake(케이크)'의 합성어로, 빵 같은 케이크를 프라이팬에서 구워낸다는 뜻이에요. 음식과 관련해서는 'panini'가 있죠. 우리가 흔히 아는 그릴에 구운 샌드위치입니다. 'pantry'는 식품 저장실을 뜻해요. 주방 옆 베란다 공간에 음식을 저장하곤 했죠. 모두 'pan(빵)'이 들어 있습니다.

또 여기서 나온 단어 중 하나가 'company'입니다. 다들 아시죠? 친구 또는 회사라는 뜻입니다. 왜 이런 뜻을 갖게 되었을까요? 'com'은 '함께'라는 뜻이고 'pany'는 '빵'으로, 친구는 빵을 함께 나눠먹는 사이이기 때문에 그렇습니다. 회사도 마찬가지예요. 함께 빵을 벌어서 나눠먹는 곳이 회사입니다. 얼마나 좋은 뜻인가요?

영단어 중에 제가 가장 좋아하는 단어는 'education'입니다. 'e'는 exit할 때의 e, 즉 '밖'을 의미합니다. 'duc'는 '끌다'는 뜻을 가지고 있죠. '~ation'은 명사로 만들어주는 어원이고요.

따라서 education, 교육은 '밖으로 이끌어내는 것'입니다. 교육은 학생을 부족한 인간으로 보고 무조건 주입하려는 것이 아닙니다. 오히려 그 반대입니다. 인간은 각자 이미 재능과 잠재력을 가지고 태어난다고 믿어요. 그 재능과 잠재력이 발현되도록 도와주는 것이 바로 교육입니다. 얼마나 멋진 뜻인가요?

모든 단어는 하늘에서 뚝 떨어진 게 아닙니다. 그 안에 그런 뜻이 될 수밖에 없는 이유와 역사와 어원이 들어 있어요. 그것을 알고 공부하면 지식들이 연결되고, 이해되면 재미를 느낄 수밖에 없어요. 우리가 세상의 원리나 단어의 뜻, 사물의 기원을 발견하고 이해하며 그 안에서 연결된 이야기를 찾을 때, 공부는 마치 큰 그림을 한 조각씩 맞춰가는 퍼즐처럼 재미있어집니다.

사실 공부는 이렇게 재미있답니다. '공신닷컴'에서의 영단어 강의 후기 중에도 가장 많은 반응은 '재미있다'예요. 후기만 보면 예능 프로그램 리뷰라고 생각될 정도로요. 저도 공부가 재미있다는 후기를 볼 때 가장 기쁩니다. 제가 영어 강의를 하는 이유는 영어 단어를 빨리 알려주기 위함도 있지만, 궁극적으로는 공부가 이렇게 재미있을 수도 있다는 것을 알려주기 위해서입니다.

일부러 여러분이 알 법한 단어들로만 골라서 예를 들어봤는데요. 세상에 존재하는 모든 단어를 이렇게 이해한다면 영어 단어 외우기가 얼마나 재미있어질까요? 영어 단어뿐만 아니라 그 안에 얽힌 수많은 이야기를 이해하고 발견하는 건 또 얼마나 재미있을까요? 가르치는 제 입장에서는 사실 일인데, 일처럼 느껴지지도 않아요. 너무 너무 재미있거든요. 당연히 여러분도 공부를 통해 내가 정말 좋아하고 사랑하는 것에 대해 알아나가다 보면 재미를 넘어 희열을 느끼는 순간을 경험할 수 있을 거예요.

지금까지 했던 공부가 재미없었다고요? 이해합니다. 저도 그랬으니까요. 그건 결코 여러분 탓이 아니에요.

제대로 된 방법을 알려주지 않다 보니 잘못된 방법으로

공부하기 일쑤였고, 공부하는 의미도 모른 채 진도만 나가기 급급해서 그렇습니다. 너무 어렵고 많은 것을 한 번에 다 해내려고 해서 그럴 거예요. 제가 아무리 빵을 좋아한다고 해서 티라미수를 한 번에 56개씩 먹고 바게트도 96개나 먹으면 어떻게 될까요? 세상에서 가장 맛있는 음식을 먹는 것도 지긋지긋한 고문처럼 느껴질 겁니다.

언제부턴가 배움이 의무가 되고 공부가 재미없는 일이 되어버렸지만, 사실 그 속엔 여전히 끝없는 즐거움이 숨어 있습니다. 단언컨대 여러분 모두 공부를 통해 희열을 느낄 수 있어요. 이는 인생을 살면서 느끼는 다른 어떤 행복감과는 차원이 다른 것입니다. 맛있는 음식, 사랑하는 사람과 함께하는 시간, 재미있는 놀이 등과는 또 다른 차원의 행복입니다.

저는 여러분이 꼭 그 행복을 느껴보길 간절히 소망합니다. 맛있는 음식을 먹을 때, 기분 좋아지는 장소에 갔을 때 내가 좋아하고 사랑하는 사람에게 소개시켜 주고 싶은 마음이 들 텐데요. 제가 딱 그 마음이거든요.

지금 당장 그런 희열을 느끼지 못하더라도 너무 조급해

하지 마세요. 꾸준히 나아가다 보면 여러분도 모르게 그 희열 속에 빠져 있는 자신을 발견하게 될 것입니다. 그날이 올 때까지 저는 여러분과 끝까지 함께할 거예요.

언젠가 우리는
혼자가 될 거예요

우리 모두는 언젠가 부모님 없이 홀로 서야 하는 날을 맞게 될 겁니다. 그때가 언제인지는 누구도 알 수 없지만, 부모님의 존재가 우리 곁에서 사라지는 날이 찾아오고 말 거예요. 여러분 잘못이 아닙니다. 부모님의 잘못도 아니고요. 인간으로서 맞이할 수밖에 없는 숙명일 뿐입니다. 아니, 지구상 모든 생명체에게 예외가 없는 일입니다.

그 순간이 오면 우리는 스스로 모든 것을 책임져야 합니다. 우리의 탄생부터 지금까지 모든 순간 무조건적인 사랑을 베풀던 존재는 이제 다시 경험할 수 없습니다.

부모님이 차려주신 따뜻한 밥상도, 주머니에 넣어주시던 용돈도, 옆에서 잔소리하시던 목소리도 이젠 없습니다. 반

찬은 왜 이 모양인지, 용돈은 왜 안 올려주는지 투정하고 싶어도 할 수가 없어요. 부모님이 사라진 이 세상에서, 우리는 어떻게 될까요?

밥값, 전기세, 학원비, 스티커사진 비용까지 모두 우리 손으로 벌어서 해결해야 합니다. 사기당하지 않고 집을 마련할 수 있게 부동산 계약도 혼자 해야 하고, 어떤 옷을 사고 입을지도 온전히 스스로 정해야 합니다. 전기세나 관리비도 꼬박꼬박 정해진 날에 내야 해요. 밤에 혹시 무슨 일이 생길까 봐 마중 나와 주는 사람이 없으니 알아서 일찍 다녀야 하고 안전한 길을 찾아 다녀야 하죠. 지금은 당연하게 여겼던 그 모든 일들이 더 이상 당연하지 않게 됩니다. 우리가 누렸던 이 모든 것이 부모님의 사랑과 헌신으로 이루어졌다는 사실을, 우리는 그제야 깨닫게 될지도 모릅니다.

이 자명한 사실을 앞에 두고도, 우리는 종종 우리를 헌신적으로 지켜주던 사람이 영원히 곁에 있을 것이라 착각하며 살아갑니다. 늦잠 자는 나를 아침에 깨워주시는 부모님께 짜증을 내고, 원하는 옷을 사주지 않는다고 불만을 품습니다. 애써 차려주신 음식을 일부터 속상하게 만들기 위해 대충 먹고, 심지어 부모님 얼굴도 보지 않은 채 통명스러운 대답을 내뱉기도 합니다. 이 상황이 변하지 않을 것만 같죠? 모든 일에는 다 끝이 있기 마련입니다. 그런 삶도 언젠가는 끝이 나고 추억 속에만 존재하게 될 것입니다. 여러분은 분명 그리워하게 될 거예요. 세상에 나만 남게 될 거니까요.

하지만 부모님들은 여러분에게 이별에 관한 이야기를 자주 하지 않으십니다. 모든 부모는 여러분이 겪게 될 세상의 거친 풍파를 미리 보여주고 싶지 않아 하거든요. 그들의 마음속에 자리한 깊은 걱정과 어려움도 자식들 앞에서는 드러내지 않습니다. 생계에 대한 어려움을 여러분에게 하소연하는 일도 없을 거예요. 혹시 있다고 해도 여러분에게 말하시는 내용은 10퍼센트도 채 되지 않을 겁니다.

우리가 슬퍼할까 봐, 너무 일찍부터 인생의 무게를 느낄까 봐 그렇습니다. 대신 우리가 조금 더 웃고 조금 더 행복하게 자라길 바랄 뿐이죠. 그래서 그 무거운 현실을 혼자 묵묵히 감당하면서도 아무렇지 않은 척 지내고 계신 겁니다.

'남의 돈을 벌기가 이렇게 힘든 거구나.'
'부모님은 대체 어떻게 이 모든 일을 해왔던 걸까?'
'돌아가신 우리 아빠는 슈퍼맨이었구나.'

언젠가 깨닫는 날이 반드시 옵니다. 자기 삶을 책임지고, 자녀를 낳아 기르는 일이 평범한 게 아니라 세상에서 가장 위대하고 존경받아 마땅한 일이라는 것을요.

이것은 자연의 섭리입니다. 냉정한 것 같아 보이지만 그렇지 않습니다. 사실 인간만큼 부모님에게 길게 의존하는 동물은 지구상에 없습니다. 심지어 대부분의 동물들은 일찌감치 새끼들을 강제로 쫓아내고 일부러 이별을 하기도 합니다. 물론 그전까지는 새끼를 위해 모든 걸 바치지만요.

동물이 새끼를 떠나는 이유

○

남극의 수컷 황제펭귄은 영하 50도의 추위와 강풍 속에서 두 달이 넘는 시간 동안 알을 품습니다. 꼿꼿이 선 채로 아무것도 먹지 않고 차가운 눈만 먹으며 버팁니다. 잠시도 방심할 수 없어요. 알을 놓치기라도 하면 데구르르 굴러 깨져버리거나 10초 만에 얼어붙기 때문이죠.

새끼가 알을 깨고 나오면 아빠 펭귄은 두 달을 굶었음에도 자기 위 속에 있는 마지막 단백질을 토해 새끼에게 먹입니다. 애초에 이런 혹독한 환경에서 알을 낳는 것 또한 온전히 새끼를 위한 일입니다. 추위 때문에 포식자들이 접근하기 어렵고, 안전하게 새끼를 키워낼 수 있기 때문이죠. 이렇게 모든 것이 새끼의 미래를 위해 맞춰져 있어요. 자녀의 미래를 위해 조금이라도 더 좋은 환경으로 이사를 계획하는 부모님들이 유난스러워 보이나요? 동물의 세계에 비하면 아무것도 아닐지 모릅니다.

어떤 동물이건 새끼들까지 먹일 수 있는 먹이의 양을 구하려면 목숨을 내놓고 두 배 이상 사냥을 해야 합니다. 슬프게도 새끼가 먹을 먹이를 구하다가 다치거나 목숨을 잃기도 합니다. 부모가 죽고 나면 새끼들은 단 하루도 생존하지 못하고 먹잇감이 되거나 굶어 죽죠.

많은 동물들이 사냥에 성공하고 나면 그것을 먹기 좋은

형태로 소화시켜 토해 놓습니다. 자신의 위액으로 소화를 시켜 새끼들이 잘 흡수하게 도와주기 위함입니다. 아직 이가 없는 아기에게 부모님이 부드러운 이유식을 만들어주는 것과 같죠.

하지만 그토록 헌신적이던 부모는 갑자기 돌변합니다. 곰, 호랑이, 표범도 어느 순간이 지나면 새끼들에게 먹이를 주지 않아요. 새끼들이 빤히 보고 있는데도 혼자만 맛있게 먹이를 먹습니다. 새끼들이 굶주려 어미에게 매달려도 소용없습니다. 날카로운 이빨과 발톱으로 새끼를 냉정히 밀어냅니다. 어쩌겠어요, 이제 새끼들은 자신의 힘으로 사냥해야 합니다. 심지어 새들은 새끼들을 높은 절벽이나 나무 위에서 던져버립니다. 그 과정에서 다치기도 하고 죽기도 해요. 마음이 찢어지지만 어미는 그 순간부터 간섭하지 않습니다. 아니, 그럴 수가 없어요. 이걸 이겨내지 못하면 어차피 죽을 수밖에 없거든요.

그래도 다행인 것은 그전까지 어미는 최선을 다해 사냥하는 방법을 가르쳐줍니다. 실제로 사냥하는 장면을 무수히 보여주고, 숨는 법이나 공격하는 법 등 자신의 모든 기술과 비결을 알려줍니다. 동물들에게는 그것이 공부입니다. 언제 어떤 타이밍에 공격해야 하는지, 어디를 타격해야 하는지, 바람은 어떻게 이용하고 무엇을 조심해야 하는지, 이런 것들이 생존을 위한 공부죠.

그 덕분에 사냥에 성공하면, 이제 정말 새끼들을 떠나보내야 할 때가 온 것입니다. 이제 어미는 새끼들을 공격해서 자신의 영역에서 아예 쫓아내요. 엄마, 엄마, 하고 따라오며 새끼들이 울부짖지만 씨알도 먹히지 않습니다.

결국 새끼들은 세상에서 가장 믿고 의지했던 어미에게 버림받아요. 엄마가 왜 이럴까, 그토록 헌신적이고 사랑 그 자체였던 엄마가 어떻게 이럴 수가 있을까, 서운한 마음을 두고 떠나야만 합니다.

하지만 마음이 아픈 건 어미만 할까요? 자신이 낳아 자신의 육신보다 사랑하는 새끼들을 이제는 영원히 보지 못하는 것인데요. 완전한 이별인데요. 아무리 보고 싶고 그리워도 동물들은 사진조차 볼 수 없습니다. 심지어 좋게 헤어지는 것도 아니고 자신이 내쫓는 것이잖아요. 마음이 천 갈래 만 갈래로 찢어지는 듯하겠죠.

이렇게 새끼들은 스스로의 길을 걷게 됩니다. 모든 동물이 이런 과정을 거쳐요. 부모의 도움이 계속되면, 결국 어미가 늙고 병들면 이 험악한 자연에서 살아남을 수 없기 때문입니다. 냉정해 보이지만 그것이 유일한 방법이었어요.

부모와 함께할 수 있는 시간은 동물마다 다르지만 대체로 고작 2년 정도입니다. 그 안에 최대한 잘 가르쳐서 빠르게 독립시켜야 합니다. 사람으로 치면 공부 잘해서 빨리 직업을 찾아야 하는 것과 같죠.

동물에 비하면 인간이 부모님이라는 존재와 함께하는 시간은 훨씬 깁니다. 설령 잘 못 배운다 해도 도움받을 곳도 많고, 포식자에게 잡힐 일도 없죠. 그야말로 훨씬 '인간적'입니다.

홀로 세상을 헤쳐 나가기 위한 시간

○

동물들처럼 가슴 아픈 생이별은 아닐지라도, 우리에게도 두렵고 피하고 싶은 이별의 순간이 언젠가 찾아옵니다. 어떻게든 헤쳐가야 하고 모든 생활비를 우리가 직접 해결해야 하죠. 그럼 어떻게 돈을 벌고 어떻게 살아남아야 할까요?

일자리를 구하거나 창업을 통해 돈을 벌기 위해서는 지식과 기술이 필요합니다. 요리를 잘하는 기술이든, 커피를 잘 내리는 기술이든, 아무런 준비도 없이 세상에 나가서 바로 무언가를 이룰 수는 없습니다. 마치 사냥하는 법을 익히지 못하고 초원 한복판에 홀로 남겨진 새끼 표범처럼 말이죠.

세상은 냉정하게 실력을 요구합니다. 단순한 의욕만으로는 부족해요. 여러분이 사장님이라면 준비되지 않은 채 아무것도 할 줄 모르는 사람을 채용해서 매달 몇 백만 원씩 꼬박꼬박 줄 수 있나요?

그 능력을 키우기 위해서 반드시 배워야 합니다. 공부는 단순히 시험을 통과하기 위한 것, 더 나아가 꿈을 이루기 위한 것만이 아닙니다. 생존하기 위한 것이에요. 그것이 기본입니다. 우리를 홀로 설 수 있게 해주는 가장 중요한 준비 과정입니다. 공부를 통해 우리는 세상과 맞설 힘을 얻습니다. 나중에 우리가 혼자서 세상을 헤쳐 나가기 위한 첫걸음이 바로 지금의 공부입니다.

수렵 채집 생활을 하던 원시인류는 동물과 다를 게 없었습니다. 부모는 자신의 짧은 수명 안에서 사냥하는 법, 불 피우는 법, 옷을 만들거나 은신처를 짓는 기술 등 수도 없이 많은 것을 온전히 전수해야 했어요. 책도, 노트도, 인터넷 강의도 없던 시절이니 그야말로 보고 기억하는 수밖에 없었습니다.

과학기술의 발전과 사회의 변화로 배우는 내용이 달라지고, 몸으로 하는 일보다 머리로 하는 일이 늘어났을 뿐입니다. 이제는 각 영역이 전문화되어서 부모님이 직접 가르치는 대신 선생님을 통해 배우는 것이고요.

부모님이 사력을 다해 있는 돈 없는 돈 긁어모아 여러분을 공부시키려 했던 이유는 단 하나로 귀결됩니다. 당신들이 더는 도움을 줄 수 없을 때, 혹은 늙고 병들어 여러분에게 힘이 되어주기 어려운 그 시기를 위해서입니다. 마치 호랑이나 곰이 혼신을 다해 새끼를 가르치듯이 최고의 공부 환경을 마련해 주고, 최고의 교재나 선생님에게 배울 수 있도록 온갖 노력을 다하는 거예요. 아빠 펭귄의 헌신과 어미 새의 결단과 조금도 다를 바 없습니다. 장담컨대 여러분이 나중에 부모가 된다고 해도 똑같이 할 거예요. 자녀의 미래를 위해, 생존을 위해 모든 것을 다 바쳐서 공부시키고 준비시킬 겁니다. 지구상의 모든 생명체처럼요.

다른 책들을 보면 부모님이 고생하시니 그것에 보답하기 위해 공부해야 한다는 내용이 많더라고요. 지극히 맞는 말이죠. 하지만 그것이 정말 부모님이 원하는 것일까요?

저는 분명히 말할 수 있습니다. 부모님께서 진심으로 가장 원하는 것은 그게 아니에요. 애초에 부모님은 보답을 원하지 않습니다. 어미 곰이 새끼 곰에게 무언가를 바라던가요? 어미 새가 새끼 새에게 먹이를 구해 오라고 시키던가요? 그저 잘 살아남기를 바랄 뿐입니다.

과거 '공신닷컴' 수강생 중에 "엄마 살아 계실 때 효도하지 못한 게, 못되게 군 게 너무 후회돼서 눈물이 난다"라고 말씀해 주신 분이 있었습니다. 이렇게 빨리 떠나실 줄은 꿈에도 몰랐다고요. 이 학생에게 저는 이렇게 말했습니다.

"해야 할 효도 대부분은 이미 우리가 태어난 순간에 끝났습니다. 부모님께서는 우리가 태어나는 그 순간 세상 모든 것을 가진 것보다 더 행복하고 기쁘셨을 거예요. 그렇기에 부모님과의 관계가 어떠했든, 순간의 짜증으로 심한 말을 했다 해도 학생은 이미 부모님께 드릴 수 있는 가장 큰 선물을 드린 것과 같아요. 말로 표현조차 어려울 만큼 후회되겠지만 지금까지 부모님에게 못되게 행동한 것들에 대해 죄책감 느끼기보다는, 지금 하고 있는 공부를 잘해서 꿈꾸고 원하는 직업을 찾거나, 그 일을 하면서 행복하게 살아가는 모습을 보여드리자고요. 장담컨대 그보다 더 큰 효도는 없을 거예요."

우리는 이제 준비해야 합니다. 부모님의 헌신이 헛된 노력이 되지 않게, 그리고 무엇보다 우리 스스로를 위해서요. 미래에 혼자가 되었을 때 여러분은 스스로 살아남을 수 있나요? 그때가 오기 전에 지식과 기술을 쌓고, 그날이 오더라도 두려워하지 않고 맞설 수 있는 힘을 길러야 합니다. 공부는 단순히 지식을 쌓는 게 아니라, 우리 삶의 기반을 다지고 홀로 서는 과정이자 자연의 섭리이며, 생존 그 자체와 같은 것입니다.

Plus Story

시험을 볼 수 있다는 것의 의미

시험만큼 우리를 괴롭히는 게 또 있을까요? 힘든 공부를 밤새워 하는 이유도 결국 시험 때문입니다. 시험 전날에 침대에 누워 '내일 학교가 문 닫았으면 좋겠다' 하고 생각해 본 적 있나요? 저는 많았거든요.

듣기만 해도 스트레스 받고 세상에서 사라졌으면 좋겠는 이 시험이란 게 어떤 놈인지, 또 어떤 목적으로 생겨났는지 한번 알아보면 좋겠습니다. 지금과는 분명 다른 점이 있었거든요.

과거의 시험인 '과거'는 고려시대 광종 때부터 시작됐습니다. '과거'라는 말은 한자로 '과목을 치른다'는 의미로, '시험'이라는 뜻 그 자체입니다. 과거가 도입되기 전에는 사회의 모든 요직이 세습을 통해 이루어졌습니다. 오늘날로 치면 판검사, 의사, 공무원, 선생님 같은 직업이 부모의 신분이나 권력자의 입김으로 결정되던 시절이었죠.

당시에는 능력 없는 이들도 부모의 배경 덕분에 사회의 중요한 자리에 오를 수 있었습니다. 이런 구조에서 나라가 제대로 운영되기는 어려웠겠죠. 그래서 유능한 인재를 선발하기 위해 '과거'라는 시험 제도가 생겨난 것입니다.

시험이 처음 도입되었던 시절을 상상해 보세요. 이는 사회에 엄청나게 큰 충격을 준 변화였습니다. 부모의 신분에 따라 내 위치가 결정되던 세상에서, 노력과 능력으로 신분을 뛰어넘을 수 있는 길이 열린 겁니다. 그야말로 하늘이 뒤집히는 일이었죠. 그 시절 평범한 사람들에게 시험은 감사하고도 엄청난 축복이었습니다.

그러나 시험도 아무나 준비할 수 있는 것은 아니었습니다. 농사일에 매진하면서 생계를 유지하는 가정에서 한 사람이 일을 돕지 않고 공부에 매진한다는 것은 상상조차 하기 어려운 일이었습니다. 다른 식구들이 그 사람을 위해 헌신해야만 가능한 일이었죠. 그래서 시험 준비는 보통 부유한 집안에서나 가능한 일이었습니다. 게다가 여성들은 아예 시험을 볼 기회조차 없었고요.

지금 여러분이 시험에 응시할 수 있는 이유는 공부를 뒷받침할 수 있는 돈이나 가족의 지원이 있기 때문입니다. 더 나은 삶으로 나아갈 수 있는 거의 유일한 구원의 길이었던 '시험'을 앞에 두고도 공부할 기회조차 얻지 못했던 과거 사람들에 비하면 여러분은 얼마나 큰 축복을 누리고 있는 걸까요?

과거가 도입되기 이전에도 시험은 있었습니다. 바로 신라의 '독서삼품과'였습니다. 이 시험은 유교 지식을 바탕으로 관리를 선발하는 과정이었죠. 하지만 독서삼품과는 단지 성적을 참고하는 정도였고, 이 시험의 결과만으로 관리를 뽑지는 않았습니다. 그래서 본격적인 과거 제도라고 말하지 않습니다.

그렇다면 이 시대의 사람들은 어떻게 출세의 길을 찾았을까요? 바로 당나라였습니다. 골품제라는 신분 제도의 벽에 가로막힌 6두품 이하의 계층은 독서삼품과로는 큰 성과를 기대할 수 없었기 때문에, 이미 과거가 존재하던 당나라까지 가서 시험을 치렀습니다. 당시 당나라에는 외국인을 대상으로 한 시험인 '빈공과'가 있었고, 신라의 인재들은 이 시험에 응시했습니다.

응시는 쉬웠을까요? 아니요, 목숨을 걸어야 했습니다. 빈공과에 응시하기 위해 당나라로 가는 길은 위험천만이었습니다. 나무배를 타고 드넓은 바닷길을 건너는 일은 목숨을 건 도전이었죠. 나무배는 바람과 파도의 영향을 그대로 받아서, 배에 타면 누구나 예외 없이 뱃멀미를 했습니다. 바다에 뛰어들어 죽고 싶을 만큼 심했죠. 그렇게 작은 배에서 수십 일을 보내야 했습니다.

그럼에도 불구하고 신라인들은 당나라로 향하는 길을 택했습니다. 우리가 그토록 피하고 싶어 하는 '시험'을 보기 위해 생과 사를 넘나드는 위험을 감수한 것입니다.

얼마나 많은 사람들이 시험의 기회를 얻고자 배를 탔을까요? 놀랍게도 당나라 빈공과 합격자의 약 80퍼센트가 신라 출신이었다고 합니다. 신라에 이어 발해, 그리고 먼 페르

시아에서조차 빈공과에 도전하러 온 사람들이 있었습니다.

당나라에서 유학하거나 빈공과에 급제한 경력을 가지고 돌아온 이들은 신라에서 적어도 태수 자리는 보장받았습니다. 목숨을 걸어야 했지만, 공부도 잘해야 했지만 일단 되기만 하면 신분을 상승시킬 수 있었죠.

실로 많은 신라인이 이 길을 택했습니다. 대표적인 인물이 바로 경주 최씨의 시조이자 통일신라 최고의 문인으로 꼽히는 최치원입니다. 여러분이라면 시험을 보기 위해 당나라까지 그 작은 배를 타고 갈 수 있었을까요? 분명한 사실은 우리에게 피하고만 싶은 그 시험이 과거에는 목숨을 걸 만큼의 소중한 기회였다는 것입니다.

그분들이 만약 인터넷을 통해 언제든 공부할 수 있고, 마음만 먹으면 무엇이든 공부할 수 있는 시대를 살아가는 우리를 본다면 어떤 말씀을 하실까요?

물론 지금도 시험을 준비하는 것은 쉽지 않은 일입니다. 힘들고, 불안하고, 지치고, 때로는 답답할 것입니다. 하지만 이 시험이 여러분에게 주어진 소중한 기회라고 생각하면 어떨까요? 시험을 기회로 여기고 감사하게 생각하는 사람과, 억지로 받아들이는 사람 중에 누가 더 최선을 다할까요? 결과는 뻔하지 않을까요? 시험이라는 기회를 소중히 여기는 사람이 결국 더 나은 결과를 얻게 될 것입니다.

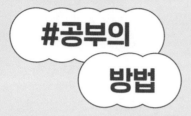

PART3

#공부의
방법

기왕 하는 공부,
어떻게 하면 잘할까?

공부 잘하는 애들은
뭐가 다를까?

학창 시절에 두 번 선풍기를 망가뜨린 적이 있습니다. 부끄럽지만 모두 공부 때문이었어요. 한 번은 고등학교 2학년 시험 기간 때였습니다. 시험을 완전히 망쳤거든요. 53점을 맞았어요. 내신 사회 과목이었는데, 반에서 꼴찌를 했습니다. 100점 맞은 친구도 있었고, 평균적으로 봐도 제 점수가 다른 친구들과 격차가 너무 컸어요. '이렇게 열심히 하다 보면 나도 괜찮은 대학에 갈 수 있지 않을까?' 하는 일말의 희망이 그 시험 하나로 완전히 무너졌다고 생각했습니다.

공부를 안 했더라면 그럴 수 있겠지만, 문제는 제가 그 과목을 열심히 공부했다는 거였어요. 심지어 그나마 자신 있던 암기 과목이었던 걸요. 문제를 풀면서 '왜 이렇게 확신이 안 들지?' 하며 이상함을 느끼긴 했지만, 그래도 70점은 나올 거라고 생각했죠.

　시험을 본 당일 채점을 하고 너무 실망이 커서 종례도 안 하고 그냥 집으로 돌아와버렸습니다. 그러고는 제 방에 있던 선풍기를 냅다 던져버렸어요. 그땐 진짜 미쳤던 게 틀림없습니다. 그 와중에 소중한 컴퓨터는 차마 던지지 못했고요. 가장 만만했던 게 선풍기였나 봅니다.

　담임선생님께서 성태가 사라졌는데 집에 왔냐고 어머니께 전화를 하셨습니다. 어머니는 방에서 뭐가 부서지는 소리가 났는데도 제 기분을 건드릴까 봐 제대로 말도 꺼내지 못하셨습니다. 감사하게도 선생님 역시 저의 무단이탈을 눈감아주셨죠. 다음 날 다시 정신 줄을 잡긴 했지만, 그날은 너무 좌절감이 크고 화도 났어요.

　그때 제가 보기엔 공부를 잘함에도 별로 열심히 노력하지 않는 친구들도 많았습니다. 수업 시간에는 늘 잠을 자고, 자습 시간에도 만화를 보거나 친구들과 잡담을 하더라고요. 그런데도 모의고사만 봤다 하면 1~2등급이 척척 나왔습니다. 옆에서 시험지를 채점하는데 '아, 미친! 실수로 하나 틀렸어. 나 대체 머리는 왜 들고 다님?' 이렇게 외치는 겁니다. 표정만 보면 아주 시험을 말아먹은 얼굴이었어요. 제 필기 노트를 빌려간 친구도 저보다 시험을 더 잘 볼 때도 있었고요. 겉으로는 축하해 주고 허허 웃었지만, 속으로는 피눈물이 났습니다.

'나는 바본가? 책상에 앉아 있는 시간은 저 친구보다 훨씬 많은데 내 시험 점수는 왜 이 모양일까?'

스스로가 한심하게 느껴졌습니다. 한동안 잊고 있던 열등감이 되살아나는 듯했죠.

왜 이런 일이 벌어진 걸까요? 지금 와 생각해 보면 저는 여전히 '책상에 오래만 앉아 있는 공부'에서 벗어나지 못했던 겁니다. 시험을 준비하려면 계획부터 세워야 하잖아요. 그때 전 그런 것도 몰랐습니다. 전략도 없었고 방법도 없으니 잡히는 대로 공부했죠. 중학생 때 18시간 공부에 성공한 뒤로 줄곧 밀어붙이던 '오래 앉아 있기'가 사실상 제 공부 전략의 전부나 다름없었습니다. 중학생 때까지야 그런 단순한 방식의 공부가 통했지만, 고등학교에 가니 도저히 안 되겠더라고요.

'나는 왜 이렇게 머리가 나쁠까?' 늘 이런 생각에 사로잡혀 있었습니다. 성적이 안 나오니 제 머리 탓만 했죠. 그것으로도 부족해서 부모님 머리 탓, 부모님 학력 탓, 심지어 '나는 왜 형이나 누나가 없을까?', '공부 잘하는 저 친구는 좋겠다. 좋은 머리를 타고났겠지' 하는 생각까지 했습니다. 저 스스로도 답답해 숨이 넘어갈 지경이었어요.

그렇다고 포기할 순 없었습니다. 중학생 시절 존재감 없고 지질했던 저를 일으켜 세워준 게 공부였고, 공부 말고 제가 딱히 내세울 것도 없었으니까요. 공부는 그야말로 제게 절실한 생존 수단과도 같았습니다.

속이 타고 애가 타고 짜증이 나니 방법을 찾게 되더라고요. '대체 하나도 안 틀리는 저 친구들은 어떻게 공부하는 걸까?' 때마침 공부 잘하는 친구와 짝이 되었거든요. 과장이 아니라 어느 날은 아예 제 공부는 전혀 안 하고 짝이 뭐하고 있는지만 관찰한 날도 있었습니다. 물론 친구 공부에 방해

되니까 몰래몰래요.

싫어하는 과목은 안 하니까 더 싫어진다

○

그때 처음 제 눈에 들어온 게 '오답노트'였습니다. 지금 생각해 보면 별것도 아닌 공부법인데, 그땐 이름만 들어봤지 실제로 쓰는 건 처음 봤습니다. 수능을 만점 받은 분이 만들었던 오답노트가 책으로도 나오던 시절이었죠. 관찰해 보니까 어느 정도 공부 잘하는 친구들은 거의 다 오답노트라는 걸 쓰더라고요. 왜 이렇게 공을 들여 쓸까 싶었는데, 나중에 생각해 보니 당연한 거였어요.

공부할 때 아는 것만 봐서 어떻게 실력이 오르겠어요. 틀린 것, 그러니까 내가 모르는 걸 새롭게 알아야 성적이 오르는 것 아니겠어요? 편하고 쉽다고 해서 내가 아는 것만 계속 본다면 절대 점수를 올릴 수 없습니다.

그 당시 저는 어땠는지 아세요? 귀신같이 아는 것만 최선을 다해 봤습니다. 모르는 건 머리 아프기도 하고, 그래서 잘 안 보게 되더라고요. 마치 마트에 가서 늘 먹던 라면만 골라 사 오는 것처럼 말이죠. 실제로 사람은 가만히 놔두면 늘 가던 익숙한 길로만 갑니다. 애초에 그렇게 행동하도록 설계되어 있어요.

또 다른 문제도 있었는데요. 싫어하는 과목은 최대한 피하고 하지 않을 방법을 궁리했다는 것입니다. 그래서는 안 된다는 걸 알면서도 어쩔 수 없더라고요. 싫어하니까 안 하게 되고, 안 하니까 더 못하게 되고, 못하니까 더 싫어지는 공부의 악순환이 일어났습니다.

게다가 더 큰 문제는 일단 문제집을 풀고 나면 틀린 건 딱 한 번만 보고 덮었다는 겁니다. 채점을 하고 나서 답만 맞춰보면 끝난 거라고 생각했어요. 제 기준에 '문제집 다 끝냈다'라는 말은 채점하고 틀린 문제 한 번 보는 게 다였어요. 말 그대로 '다 본' 것이니까요.

제가 나중에 확인해 보니, 그렇게 한 번 눈으로 보고 넘어간 틀린 문제는 다시 풀었을 때 거의 100퍼센트 못 풀겠더라고요. 아니, 정말 하나도 손을 못 댈 지경이었죠. 한마디로 문제집을 풀어도 나아진 게 하나도 없다는 뜻입니다.

그리고 이것이 제가 모든 영어 참고서에서 '한 번 본 것은 안 본 것이다'라고 강조하는 이유이기도 합니다.

그런데 공부 잘하는 친구들은 지겨울 법한데도 틀린 문제를 몇 번이고 반복해서 보는 거예요. 그렇게 틀린 문제만 추려서 여러 번 보려고 만든 것이 오답노트였습니다.

충격적이었죠. 공부 잘하는 친구들을 관찰해 보니까 구체적으로 뭔지는 모르겠지만 제게 큰 문제가 있다는 사실만큼은 확실히 깨닫게 되었습니다. 실력을 높이려는 생각 대신, 성과도 없는데 그저 오래 앉아 있을 생각만 했던 겁니다.

그뿐 아니라 공부 잘하는 친구들은 전부 '계획'을 세우더라고요. 저는 계획이랄 것도 없이 그냥 손에 잡히는 대로 공부했거든요. 그날 책상에 앉아서 '오늘은 수학이나 풀어볼까? 앗! 수학 문제집을 두고 왔네! 그럼 국어 공부 해야지~' 하는 식이었죠. 특히 내신 시험을 대비할 계획도 없었습니다. 무작정 앉아서 하는 공부법이 고등학교 땐 전혀 먹히지 않았죠. 머리부터 발끝까지 제가 크게 잘못하고 있다는 생각이 들었습니다. 더 늦기 전에 하루라도 빨리 제대로 된 방법을 알아야 했어요. 그야말로 '초비상'이었습니다.

공부법을 구걸하던 아이

○

이때 제 인생을 구원한 것이 하나 있었는데요. 바로 '빵' 입니다. 이게 없었더라면 제가 어떻게 되었을지 모르겠습니다.

어떻게든 방법을 배워야 하니까 한동안은 공부 잘하는 친구들과 일부러라도 짝이 돼야겠다고 생각했습니다. 그때 저희 반은 제비뽑기를 해서 자리를 결정했는데요. 제비뽑기가 끝나고 나면 공부 잘하는 친구의 짝이 된 아이에게 부탁을 해서 자리를 옮겼습니다. 그때 빵을 이용했죠. 하나씩 사주면 보통은 바로 넘어왔습니다.

그때 또 하나 깨달은 게 있는데요. 옆자리에 공부 잘하는 사람이 있으면 저도 저절로 공부하게 되더라고요. 그 차이가 너무 컸습니다. 특히 공부 잘하는 친구와 교실 맨 앞자리에 앉을 때 저는 완전히 다른 사람이 될 정도로 열심히 공부했습니다. 저라는 사람이 주변 환경에 영향을 많이 받는다는 걸 그때 알게 되었죠.

그 시절 친구들에게 정말 고마움을 느낍니다. 매번 모르는 문제를 물어보기 미안해서 빵을 사주었는데요. 문제를 풀기 위한 접근법이나 공부법을 가르쳐줄 때마다 너무 고마워서, 배운 방법들을 더 처절하게 써먹으려고 노력했습니다. 오히려 빵을 얻어먹은 친구들이 제게 고마워하기도 했는데요, 천만에요. 저는 정말 절이라도 하고 싶었습니다. 집안에 친척까지 다 포함해도 공부 조언을 구할 수 있는 사람이 전혀 없던 제게 물어볼 사람이 있다는 것 자체가 감사한 일이었죠.

보통 아무리 좋은 것이라도 무언가를 공짜로 얻으면 그 소중함을 느끼기가 쉽지 않습니다. 예전에 '공신닷컴'이 완전히 무료로 운영된 적이 있었는데요. 그때 사람들이 열심히 수강했을까요? 아니요, 그렇지 않았습니다. 지금은 66일간 공부를 해야 수강료를 전부 돌려받을 수 있는데요. 무료일 때보다 실제 공부 시간이 열 배 이상 올랐습니다. 물론 영어 강의나 공부법 혹은 동기부여 강의 때문에 공부 시간이 늘어난 것도 있겠지만, 돈이 걸려 있으니까 안 할 수가 없는 거예요.

지금 생각해 보면 빵값이 그리 큰돈은 아니었습니다. 당시에 제가 모은 용돈으로도 충분히 살 수 있었거든요. 저 역시 적은 금액이지만 어쨌든 돈을 쓰고 나니 친구들에게 배운 공부법이 너무 소중하게 느껴졌습니다.

이렇게 용돈과 빵을 투자해서 공부 잘하는 친구들의 방법을 철저히 따라 했습니다. 그런데 여러분 이거 아시나요? 실제로 무언가를 잘하기 위해 가장 먼저 해야 할 일은 '따라 하기'입니다. 여러분이 미래의 꿈을 위해 무언가에 도전해야 한다면, 일단 잘하는 사람을 꼭 베끼세요. 처절하고 집요하게 베껴야 합니다. 돈을 주거나 저처럼 구걸을 해서라도 잘하는 사람들의 노하우를 따라 해야 하죠. 물론 '답'을 베끼라는 게 아니라, 성공한 사람으로부터 배우라는 뜻입니다.

식당을 차려서 잘 운영하고 싶다면? 성공한 식당에 가서 배우고 따라 해야 합니다. 투자를 잘해서 부자가 되고 싶다면? 투자 잘하는 사람을 최대한 따라 해야죠. 이다음에 내가 그들보다 더 높은 경지에 오를지라도 일단 처음에는 남에게 배워야 합니다. 잘하기 위해선 그 방법이 제일 빨라요.

베끼고 따라 하고 배우는 것을 부끄러워하거나 폼이 안 난다고 생각하는 것은 바보 같은 거예요. 성공한 모든 사람이 이 과정을 거쳤습니다. 그들은 하나같이 '지독한 따라쟁이'들이었어요. 전 미국 대통령 빌 클린턴은 케네디 대통령을 10대 때부터 우상으로 여기고 따라 했습니다. 16살 때 그와 악수한 일이 인생의 전환점이었다고 이야기하죠. 그렇다면 케네디 대통령은 어땠을까요? 그는 링컨 대통령을 따라 했습니다. 노예를 해방시킨 링컨처럼 그 자신도 차별과 불평등에 대항하는 법을 추진했죠.

따라 할 때 가장 효과적이고, 빠르고, 값싼 방법이 있는데요. 바로 '책'을 읽는 것입니다. 책 읽으라는 소리가 저도 참 지겨웠는데, 그럼에도 말씀을 안 드릴 수 없을 정도로 중요합니다. 저처럼 친구들에게 빵 사주면서 물어볼 필요도 없어요. 어떤 분야든 책은 존재합니다. 그 속에 담긴 모든 글은 앞서간 분들이 남겨준 감사한 노하우이자 유산이에요.

저는 책을 읽을 때마다 '수천만 원짜리 값어치의 내용인데 고작 만 얼마에 이걸 읽다니, 이래도 되는 걸까?' 하는 미안한 마음을 느끼기도 합니다.

그런데 놀랍게도 여러분은 지금 이 순간 그것을 실천하고 있어요. 바로 이 책을 읽고 있잖아요! 여러분이 공부를 잘하기 위해 방법을 탐구하고, 지금 이 순간에도 꿈에 가까워지고, 성공을 향해 나아가고 있다는 것은 명백한 사실입니다.

돈으로도 바꿀 수 없는 공부법 노트

○

그 당시 공부 잘하는 애들은 확실히 효과적인 방법으로 공부한다는 사실을 알고서는 얼마나 충격을 받았던지, 모든 방법들을 기록으로 남기기로 했습니다. 한 권의 노트에 제가 터득한 모든 공부법을 정리하기 시작한 거죠. 그것이 '공신'을 포함해 지금의 저를 있게 한 '공부법 노트'였습니다. 그때부터 공부법 책을 쓸 계획을 했냐고요? 아니요, 사실 이건 제가 쓰려고 만든 것도 아니었습니다. 원래는 제 동생을 주려고 만든 거였어요.

어릴 때 저는 제 동생을 참 많이 아꼈습니다. 5살 차이가 나는데 갓난아이였던 동생을 빨래집게로 매달아 집 밖에 매달아놓으면 안 되느냐고 부모님께 물어볼 정도였어요. 암살하려고 했던 건 아니고요. 동네 사람들 다 볼 수 있게 자랑하려고요. 학교 앞에서 친구와 분식을 먹을 때도 '아, 맛있다!' 싶으면 그대로 들고 와 동생에게 줄 정도였습니다. 아마 먼지가 엄청 묻어 있긴 했을 거예요.

초등학생 때부터 저는 제 스스로도 공부를 똑바로 못하면서 유치원생이던 동생을 혼내면서 가르쳤습니다. 아마 그게 제가 누군가를 가르쳤던 첫 경험이었을 거예요. 지금 가르치는 일을 하게 된 것도 그 영향이 있었을 거고요.

어쨌든 그 공부법 노트에 제가 공부법에 대해 느낀 모든 것을 적었습니다. 동생만큼은 제가 겪은 시행착오를 하지 않게 하겠다는 일념이었죠. 제가 해보고 검증할 수 있는 것들로만 추렸어요. 어느 순간부터는 마치 일기를 쓰듯 채워

나갔습니다.

'이번 모의고사에서 수학은 맨 뒤에 나오는 어려운 문제부터 푸니까 훨씬 좋았다. 지난번에는 멘탈이 나갔는데 이번에는 멘탈 부여잡고 봤더니 1번부터 풀 때보다 훨씬 더 나았다! 어려운 것을 먼저 보면 당장 안 풀리더라도, 일단은 넘어갔다가 다른 문제들을 풀고 다시 볼 수 있어서 좋았다. 중간에 시간을 두고 다시 문제를 보니 해결책이 떠오르는 것도 있었다.

아, 그리고 어려운 문제들이 거의 뒤쪽에 있어서 시험 막바지에 몰리면 멘탈이 나가 시간을 제대로 다 쓰지 못하는 경우가 있었는데, 먼저 보니 여유를 가지고 풀 수 있었다! 좀 더 익숙해지도록 연습하면 실전에서 큰 도움이 될 것 같다. 어쨌든 중요한 건 쫄지 않고 평정심을 유지하는 것!'

이런 식으로 시험을 본 소회부터 '정신이 해이해지면 무엇을 한다', '공부하기 싫을 땐 어떻게 한다', '시험을 치기 직전엔 무엇을 봐야 한다'까지 소소한 내용일지라도 다 적어 두었습니다.

'공신닷컴'에 이걸 공개한 뒤로 실제로 따라 하신 분들이 많았습니다. 그분들이 다시 공신 멘토가 되거나 책을 쓰면서 자기만의 노트 이름을 붙여 '자가 수능 매뉴얼', '○○ 시험 기법 노트' 등으로 알려지게 되었죠. 이름은 다양하지만 원리는 하나입니다. '자신의 공부를 탐색하고 반성하며 더 나은 방법을 찾아가는 것.' 이렇게 하나씩 기록해 두면 잘 잊히지 않습니다. 과목별로, 상황별로 카테고리를 나눠서 정리해 두어도 좋아요.

특히 시험 직전에 기억해야 할 것들을 따로 모아두고 시험 치기 직전에 보면 정말 큰 도움이 됩니다. 중간고사 때 했던 실수를 기말고사 땐 안 할 것 같죠? 천만의 말씀입니다. 실수는 늘 반복됩니다.

'실수, 실수, 실수! 제발 실수 좀 하지 마! 실수가 아니라 실력이다. 아니, 실력보다 더 중요하다. 한 문제 더 맞추겠다고 개처럼 공부했는데 실수로 두 문제 날리고 진짜 개성태 돼버렸다. 얼마나 억울하냐! 난 실수만 안 해도 최고 점수 나온다!'

절박한 느낌을 살리려고 비속어까지 섞어 썼습니다. 제가 얼마나 덤벙대고 실수를 많이 했는지 짐작이 가시나요? 나중에는 아예 이것도 노트를 따로 만들었는데요. 지금은 꽤나 잘 알려진 '실수노트'입니다. 말 그대로 '실수'만 따로 모은 거예요. 이게 저를 살렸다고 봐도 과언이 아닙니다.

나중에는 경험을 통해 언제 실수노트를 꺼내 보면 좋은지도 알게 되었어요. 저는 주로 시험 직전에 봤습니다. 실수는 주의력과 습관의 영역인지라 미리 준비한다고 해서 제대로 대비되지 않습니다. 제 경험상 시험 치기 직전에 실수노트를 보면 '아, 그때 이런 말도 안 되는 실수 때문에 나락 갔었지!' 하면서 정신이 번쩍 들고, 같은 실수를 반복하지 않게 되었어요.

하다하다 나중에는 '감탄노트'라는 것도 만들었습니다. 처음 들어보셨죠? 수학 문제 중에서도 어려운 문제들은 여러 가지 해법이 있기 마련인데, 그중 아주 간단한 방법을 쓰면 허무할 정도로 쉽게 풀리는 문제들이 있어요. 그런 것들을 발견할 때마다 따로 모아두었습니다. 감탄이 나올 정도로 기가 막힌 해법들만 모아두는 창고가 되었죠.

이런 식으로 동생에게 주려고 정리해 둔 공부법 노트들은 오히려 제게 더 큰 도움이 되었습니다. 어떤 과목, 어떤 공부를 할 때 어떤 식으로 이 내용을 사용하면 되는지, 마치 요리 레시피 같은 존재가 되었죠. 분명한 건 이 시간이 없었더라면 지금의 저도 없었을 거예요. 심지어 그 노트 내용들이 제 공부법 강의의 프로토타입이었습니다. '공신닷컴'의 시작이나 다름없었죠.

천재를 이길 수 있는
유일한 방법

고백 하나 하겠습니다. 저는 공포영화를 안 봐요. 앞에서 말씀드렸듯이 겁이 많거든요. 그런데 제게 공포영화보다 더 무서운 게 있습니다. 바로 수학 문제였어요. 시험 문제 중 소위 '킬러 문항'을 만나면 그 문제만 못 푸는 게 아니었습니다. 정신이 다 혼미해져서 시험 전체를 망치기 일쑤였습니다.

그 두려움의 중심에는 학교 폭력부터 누적되어 온 끝없는 열등감이 있었습니다. 공부를 하면서 어떤 식으로든 문제를 풀어보려 해도 답이 보이지 않을 때가 많았어요. 그런데 공부 잘하는 친구들을 보면요, 이 친구들은 마치 무슨 특별한 비법이라도 있는 것처럼 술술 풀어내더라고요. '대체

어떻게 이런 듣도 보도 못한 해법으로 문제를 푸는 거니?'
'솔직히 말해 봐, 너 사실 인간 아니지?' 마치 다른 차원의 존
재와도 같은 이들에게 물어보고 싶었죠.

특히 수학을 공부할 때 저를 힘들게 했던 것이 있었는데
요. 바로 '답을 보지 말라'는 선생님 말씀이었습니다. 늘 그
렇듯 방법도 모르고 물어볼 곳도 없었던 저는 선생님 말씀
만 철석같이 믿었습니다. 문제집 뒤에 붙어 있는 답을 절대
보지 않고 수학 공부를 해봤죠. 일주일 동안 한 문제를 붙잡
고 끙끙대기도 했습니다. 그렇게 결국 스스로 답을 찾아냈
냐고요? 아니요, 말 그대로 '노답'이었습니다. 답을 보지 않
는 게 기본 원칙인데, 답을 봐야만 끝낼 수 있는 제 자신이
정말 싫었죠. 수학은 나와 맞지 않는다는 좌절감이 커졌습
니다.

효율적으로 공부하지 못하는 친구들이 흔히 하는 행동
이 있는데요. 문제집을 정말 많이 산다는 것입니다. 괜찮
아 보이는 문제집이 나왔다 하면 묻지도 따지지도 않고 바
로 삽니다. 성적을 빨리 올려야 하니까요. 특히 반에서 1등

하는 친구가 그 문제집을 풀고 있으면 나도 당장 따라서 사야 할 것만 같죠. 저도 수학 문제집을 몇 권 가지고 있었는지 몰라요. 새로운 문제집을 계속 꺼내고, 어디서 교사용 문제집도 얻어서 들고 다니니까 한번은 친구가 "너희 부모님 서점 하시니?"라고 묻더라고요. 하지만 수학 성적은 문제집 수와 반비례했죠.

문제집이 많으면 어떤 일이 벌어지는지 아나요? 풀다가 조금 어렵다 싶으면 잽싸게 다른 문제집으로 갈아탑니다. 또 조금만 지겨워지면 다른 문제집을 펼치고요. 결국 한 권도 제대로 끝내본 것 없이 맨날 첫 단원만 풀고 있습니다.

수학을 시원하게 포기해 버리고 싶은데, 어디 그게 되나요? '수포는 대포요, 영포는 인포다'라는 말이 있습니다. 수학을 포기하는 것은 대학을 포기하는 것이고, 영어를 포기하는 것은 인생을 포기하는 것이라는 뜻입니다.

그렇다면 대체 어떻게 해야 할까요? 큰 좌절 끝에 저는 무시무시한 결심을 했습니다. '풀 능력이 안 되면 그냥 모든 수학 문제집을 외워버리자!'라고요. 지금이야 쉽게 말하지만, 그 당시에는 정말 절박했습니다. 심지어 수학은 암기과목도 아니잖아요. '과연 암기로 될까?' 하는 의구심도 있었지만 달리 방법이 없었습니다. 정말로 시중에 나와 있는 모든 문제집을 달달 외워보자고 다짐했어요. 그러고는 곧장 실행에 옮겼죠.

일단 수많은 문제집 중 가장 얇고 쉬워 보이는 문제집을 하나 골랐습니다. 처음부터 두꺼운 걸 다 외울 자신이 없었거든요. 안 풀리는 문제는 답을 봤어요. 그냥 시원하게 보기로 했고, 대신 답을 봤다는 죄책감을 느끼면서 '다음에 이 문제가 나오면 외워서라도 절대 틀리지 않겠다'는 원칙을 세웠죠.

모르는 문제는 반복해서 보고 외웠습니다. 나중엔 요령이 생겼는데요. 문제와 풀이 모두를 다 외울 필요가 없겠더라고요. 풀다가 몰랐던 개념이나 생각지 못했던 발상, 딱 그 부분만 외웠습니다. 그것만 알면 문제를 풀 수 있으니까요. 그렇게 다섯 번이고 열 번이고 봤습니다.

가장 얇은 수학 문제집 한 단원을 그런 방식으로 완벽하게 외워보았는데요. 그 이후 놀라운 일이 벌어졌습니다. 두 번째 문제집의 같은 단원을 펼쳐보았는데, 그 단원의 문제들이 하나둘 풀리기 시작했던 겁니다. 틀리는 문제의 수도 현저히 줄었고, 문제를 푸는 속도도 눈에 띄게 빨라졌습니다. 세 번째 문제집은 더 빨리, 더 많이, 더 정확하게 풀어낼 수 있었죠.

왜 그랬을까요? 비슷한 문제들이 많았거든요. 수학뿐만 아니라 모든 과목의 문제집이 다 그렇습니다. 고교과정의 경우, 수능 기출문제가 나오면 그것을 따라 조금씩 변형하면서 문제를 만들어냅니다. 문제집끼리 서로 베끼는 경우도 있고요.

그렇게 공부하다가 나중에는 어느 지경까지 갔냐면, 새로 문제집을 펼쳤을 때 과거에 외워서 해법이 곧바로 떠오르는 문제들은 아예 풀지도 않고 넘어갔습니다. 문제집마다 기초 문제들이 있는데 그것까지 다 붙들고 있을 여유가 없으니까요. 모르는 문제를 건지기도 바쁜걸요. 그렇게 문제집 전체에서 모르는 문제만 골라내면 공부할 양이 현저히 줄어들었어요.

그렇게 문제집을 한 권씩 마스터할 때마다 자신감이 붙었습니다. 더 놀라운 사실은 문제가 풀리고 자신감을 찾자 어려운 킬러 문항들도 한두 개씩 풀리기 시작했다는 거예요. 개념을 적용하는 게 익숙해지니 이리저리 시도하다가 갑자기 새로운 발상이 떠오르기도 한 거죠. 그러다 정답을 맞히면 엄청나게 큰 희열이 찾아옵니다. 오직 수학 문제를 풀었을 때만 느낄 수 있는 희열과 쾌감이 있거든요. 그렇게 저만의 방법을 찾으니 수학이 부담스럽기보다는 충분히 정복 가능한 과목이 되었습니다. 남들보다 조금 느리긴 했지만요.

혹시 '수학을 암기해서 공부한' 제 이야기에 반감을 느끼는 분들도 있을지 모르겠습니다. 하지만 생각해 보면 사실 모든 과목은 암기가 기본입니다. 수학을 더 잘하기 위해서 어린 시절에 구구단도 암기했잖아요? 암기를 해서라도 해법을 머릿속에 많이 가지고 있을 필요가 있습니다. 그것은 마치 열쇠꾸러미를 머릿속에 저장하는 것과 같습니다. 열쇠가 많으면 열 수 있는 문도 많아지는 것처럼, 풀 수 있는 문제도 많아지는 거예요. 여러분이 치르는 모든 시험은 시간 싸움이기 때문에 문제 푸는 속도도 높일 수 있고요.

그렇게 수학에 대한 두려움이 점점 사라졌습니다. 제게 타고난 수학 재능은 없었지만, 남들이 틀린 걸 한 번 보고 넘어갈 때 저는 열 번까지도 봤습니다. 외워버리기로 작정 했으니까요. 덕분에 저는 가장 중요한 공부의 원리도 깨달 았습니다. 반복, 즉 '복습'이었습니다.

한 번 볼 책이면 펼치지도 마라

○

제가 쓴 영어 책들의 속표지에는 이런 문장이 적혀 있습 니다. '한 번 볼 책이면 펼치지도 마라!' 그 문장 아래에는 책 을 사고부터 곧장 언제까지 5회독을 할 것인지, 그리고 언 제 회독을 했는지 기록할 수 있는 표가 그려져 있습니다.

이것이 제가 '공부의 신'이 될 수 있었던 가장 중요한 비 결이었습니다. 늘 자신 없고 지질하고 존재감 없던 제게 자 신감을 심어주었고, '공부의 신'이라는 별명을 얻게 해준 말 이죠. 복습이 저를 공부라는 영역에서 거의 무적으로 만들 어주었다고 확신합니다.

'오늘 본 것은 내일 본다. 아침에 본 것은 저녁에 본다.'

이 문구는 제 필통에 적어두었던 글입니다. 저는 제 공부의 치명적인 문제가 '복습의 부재'라는 것을 깨닫고, 그것을 잊지 않기 위해 하루에도 몇 번씩 보는 필통에 이 문구를 적어두었습니다.

"저는 머리가 나빠요. 분명 이 영어 단어 외웠는데, 지문만 보면 기억이 안 나요."

"수업 시간에도 이해했고 공식도 외웠는데, 응용문제는 손도 못 대겠어요. 포기해야 할까 봐요."

이런 식으로 하소연하는 학생들이 참 많습니다. 사실 저도 그랬어요. 하지만 좌절해서는 안 됩니다. 한 번 외운 영어 단어가 지문 읽을 때 바로 기억나는 게 당연한 일인가요? 수업 들었다고 응용문제가 술술 풀리는 게 정상인가요? 그런 생각 자체가 잘못된 것입니다. 솔직히 우리가 100년에 한 번 날까 말까 한 천재도 아니잖아요. 그런데 공부하는 방식이나 마음가짐은 마치 스스로를 천재라고 굳게 믿는 듯 보입니다.

한 번 공부하고 기억이 나길 바라는 건 염치없는 욕심입니다. 영어 단어를 외웠는데 문제 풀 때 생각이 나지 않는 건 당연한 일이죠. 원래 그렇습니다. 그래서 다시 외워야 합니다.

게다가 단어장에서 외운 것은 사실 단어가 아니라 단어장 자체입니다. 단어장에서는 뜻을 가리면 맞출 수 있는데, 지문에서 만나면 생각이 안 나는 게 당연합니다. 사람의 뇌는 딱 그 단어만 컴퓨터처럼 복사해서 외우는 게 아니라 단어의 순서나 위치, 색상, 심지어 암기할 때 들었던 소리나 냄새까지도 맥락으로 기억하니까요. 그러니 단어장을 벗어나면 생각이 안 나기 마련이죠. 단어장에서도 보고, 노트에서도 보고, 교과서에서도 보고, 길거리에서도 봐야 그 단어가 비로소 내 것이 됩니다.

솔직히 저도 처음부터 반복과 복습을 많이 했던 건 아닙니다. 한때는 복습보다는 '서점 아들'이라는 별명까지 들어가며 여러 문제집을 돌려 풀었고, 과목도 자주 바꿔가며 공부했습니다. 그런 식으로 공부하면서 '나는 왜 이렇게 자꾸 까먹을까?' 하며 자책하곤 했죠. 성적이 오를 리 없었습니다. 이런 시행착오를 겪은 후에야 비로소 제가 '복습'하지 않았다는 걸 깨달았습니다.

그 이후로는 많은 문제집을 풀거나 진도 빼기에 욕심을 부리기보다는 문제 하나, 문제집 한 권이라도 확실히 끝내려고 노력했습니다. 문제를 풀다가 조금이라도 의아한 점이 생기면 개념 공부로 돌아가 복습했죠.

복습의 중요성을 실감하면서 나름의 원칙도 세웠습니다. 아예 새로운 진도를 나가기 전에 복습부터 했습니다. 만약 복습을 하다가 기존에 봤던 게 생각나지 않으면, 새로 진도 나가는 것을 멈추고 알 때까지 반복해서 봤습니다.

세상 모든 일 중에 하자마자 곧바로 잘되는 일은 거의 없습니다. 공부도 마찬가지예요. 영어 단어든 수학 응용문제든 한 번에 능숙해질 거라는 생각은 아예 버리는 게 좋습니다. 실험을 통해 밝혀진 사실에 따르면, 보통은 다섯 번쯤 반복해야 비로소 내 것이 된다고 합니다.

복습보다 진도 나가는 것에 급급해 낭패를 본 경험을 교훈 삼아 고등학교 3학년 때 저는 문제집 표지에 늘 '正' 자두 개를 쓰고 공부했습니다. 아는 내용은 철저히 배제하고, 모르는 내용과 틀린 문제에 집중해 문제집을 거의 씹어 먹을 정도로 소화했죠.

『강성태 영단어 필수편』 책에는 모든 표제어 옆에 '正' 자가 연하게 쓰여 있는데요. 단어를 외운 뒤 가리고 테스트해보고 떠올리지 못하면 1획을 추가합니다. 두 번째 볼 때는 그것들만 따로 모아서 공부하고 테스트하는 거예요. 이때 또 기억하지 못하는 게 나옵니다. 다시 두 번째 획을 추가하면 되죠. 세 번째 볼 때도 2획을 그은 것만 공부하면 됩니다. 그렇게 다섯 번 보라는 거예요. 다섯 번을 보지만 실제로 외운 것을 제외하면서 공부하기 때문에 시간은 확실히 줄일 수 있습니다.

어쨌든 그 이후로 제가 깨달은 것은 이런 식이면 그 어떤 공부도 다 할 수 있다는 것이었습니다. 혹시 오늘도 공부하다가 이해가 되지 않는 것이 있었나요? 한 번 봐서 안 풀리면 두 번 보면 됩니다. 그래도 안 되면 세 번, 네 번, 다섯 번 보면 됩니다. 그래도 안 되면 열 번까지도 보세요. 그 정도로 질문하고 복습했는데도 머리에 안 남는다면? 저를 찾아오세요.

그러니 겁먹을 필요 없습니다. 질문하고 복습하는 건 머리가 나빠도 다 할 수 있어요. 핑계 댈 수 없습니다. 그리고 인정해야 합니다. 우리가 그동안 제대로 안 했다고요. 그냥 움직이면 됩니다. 여러분은 할 수 있는 사람이니까요. 아직 계기를 만나지 못해 믿음과 자신감을 얻지 못했고, 그래서 시작하지 않았을 뿐입니다. 이제 그 계기를 만났으니, 시작하면 됩니다.

백지복습, 무조건 하세요

○

'공신닷컴' 사이트에서 수강하는 모든 학생이 하루도 빠짐없이 하는 게 있습니다. '백지복습'입니다. 분량에 제한은 없지만 수강료를 전부 돌려받으려면 66일간 해야 하죠. 그 정도로 제가 강조하는 공부법입니다.

백지복습이라는 게 무엇일까요? 말 그대로 백지에 배운 내용을 보지 않고 머리로만 떠올려 적는 것입니다. 새로운 개념일 수도 있고, 틀린 문제를 통해 새롭게 알게 된 내용일 수도 있습니다. 문제를 푸는 발상이나 접근법도 물론 포함됩니다. 중요한 것은 그날 나의 성과를 백지에 기록해 보는 겁니다. 적지 못한 것은 추려서 다시 공부한 뒤 백지복습을 반복해도 좋고요.

공부법이 복잡해지면 그것 자체가 또 하나의 과제가 됩니다. 실천하기 어렵고 복잡하면 포기하게 되죠. 아무리 효과가 좋아도 쓸모없어지는 겁니다. 그에 반해 백지복습은 방법이 단순해서 초등학생, 심지어 유치원생도 할 수 있습니다. 게다가 책상 앞에 앉아 있을 필요도 없고요. 버스 안에서, 양치질을 하면서도 가능합니다. 때론 백지조차 필요 없습니다. 머릿속이 백지라고 생각하고 떠올리기만 해도 충분합니다. 그렇다면 이 백지복습이 얼마나 효과가 있을까요?

공부를 둘로 나누면 '학습'이 있고 '시험'이 있습니다. 학습하고 시험 보고, 다시 학습하고 시험 보는 이 두 가지 행위의 연속인 거죠. 여기서 시험이라는 것은 말 그대로 테스트입니다. 그리고 백지복습은 대표적인 테스트 방법 중 하나입니다. 공부한 내용을 보지 않고 써야 하니까요.

대개 우리는 시험은 학습이 아니라고 생각합니다. 시험의 목적은 평가이지, 학습 그 자체는 아니라고 여기죠. 저 또한 그렇게 생각했습니다.

하지만 최신의 과학으로 입증된 바에 따르면 완전히 정반대입니다. 그저 공부를 하는 것보다 시험을 보는 편이 훨씬 더 성적 올리기에 효과적입니다. 시험을 보고 거기서 끝내는 게 아니라, 틀린 것들을 다시 공부할 수 있으니까요.

게다가 더 많은 실험을 통해 밝혀진 놀라운 사실은, 시험을 보고 틀린 것을 공부하지 않아도, 심지어 내가 답한 게 맞았는지 틀렸는지 알 수 없더라도, 말 그대로 시험에 참여만 해도, 그 시간에 책을 보면서 학습한 것보다 성적이 더 잘 오른다는 것입니다. 정말 놀랍지 않나요? 백지복습은 우리 스스로, 시시때때로 볼 수 있는 시험입니다. 머릿속에서 떠올리는 시도만 해도 효과적이라는 뜻이죠.

콜롬비아대 사범대학의 아서 게이츠 교수는 초등학교 1학년, 4학년, 6학년, 중학교 2학년 학생들에게 의미 없는 암기 과제를 냈는데요. 학습하는 과정에서 테스트를 하지 않았을 때의 성적과, 공부를 시작했을 때부터 테스트 비중을 80퍼센트까지 올렸을 때의 성적이 어떻게 달랐는지를 측정했습니다. 결과는 놀랍게도 후자의 점수가 두 배 이상 높았습니다. 다만 초등학교 1학년 학생들만 예외의 결과가 나왔는데, 이 친구들은 아직 알파벳도 잘 모르는 어린아이들이었기 때문이죠.

그렇다면 백지복습은 언제 하는 게 좋을까요? 이번에는 미국 아이오와주의 91개 초등학교 6학년 학생 전체를 대상으로 실험했습니다. 그룹1은 학습 후 하루 뒤에 곧바로 백지복습을 했고, 그 결과 50퍼센트 정도를 기억해 냈습니다. 그룹4는 7일 뒤에 백지복습을 했는데, 30퍼센트 정도만 기억해 냈죠. 그러고는 똑같이 21일 뒤에 테스트를 했는데요. 성적이 어땠을까요? 그룹1은 50퍼센트가 거의 유지되었고, 그룹4 역시 30퍼센트의 기억을 유지했습니다.

충격적이지 않나요? 백지복습을 하는 순간 망각이 사실상 중단되는 것입니다. 나머지 그룹도 백지복습의 시기를 달리하며 학습을 시켰는데, 마찬가지의 결과를 보였습니다.

여전히 우리 대부분은 반복해서 읽는 방법으로 공부합니다. 10회독을 한다고 자랑처럼 이야기하기도 하고, '7번 읽기 공부법'이 유행하기도 했습니다. 표현 그대로만 보면 '회독'이란 말 그대로 읽었다는 뜻입니다. 하지만 단순히 읽는 것만으로는 공부한 것을 완벽하게 내 것으로 만들 수 없습니다.

많은 사람이 테스트하는 방식의 공부를 불편해합니다. 분명 열심히 공부했는데 머릿속에 잘 떠오르지 않으니 좌절감을 느끼기도 하죠. 하지만 우리의 실력이 늘어나는 것은 바로 그 과정에서 일어납니다.

'공신닷컴'에서 처음 백지복습을 접하고 시도해 본 분들도 깜짝 놀랍니다. '내가 하루 종일 공부했는데 생각해 내는 양이 이것밖에 안 되다니!' 하지만 백지복습도 반복하다 보면 점점 쓰는 양이 늘어나고 요령도 생깁니다. 백지를 채우기 위해서라도 좀 더 집중하고 틈틈이 복습하게 되죠. 많은 양이 아니라도 좋으니 습관이 완성되는 시간인 66일만 도전해 보세요. 이후에는 완벽한 습관으로 자리 잡을 수 있을 거예요.

집중력을 최고로
끌어올리는 방법

"당신의 집중 시간은 금붕어보다 짧습니다."

("You Now Have a Shorter Attention Span Than a Goldfish.")

충격적인가요? 미국의 시사 주간지 《타임》에 실린 뉴스 기사입니다. 기사에서 이야기한 인간의 평균 집중 시간이 몇 초였을까요? 놀라지 마세요. '8초'였습니다. 금붕어가 9초였고요. 우리는 인류 역사상 최초로 금붕어보다 짧은 집중력을 가진 인간이 된 것인지도 몰라요. 얼마나 충격적이었던지 《가디언》, 《USA Today》, 《뉴욕타임스》 등 세계적인 언론사들도 이 기사를 보도했죠.

그런데 한번 생각해 보세요. 이젠 1분도 안 되는 짧은 쇼츠나 릴스도 못 참고 넘겨버릴 때가 있어요. 영상은 시작하자마자 자극적인 내용을 던져줘야 하고, 거의 매 초마다 쉼 없이 화면을 전환해야 합니다. 텍스트는 더 심합니다. 메시지를 보내도 조금만 길면 읽지 않거나, 읽었지만 내용을 빼놓고 이해하는 경우도 많습니다.

그래서 많은 분들이 책 읽는 것을 너무 지루해 합니다. 활자만 가득하니까요. 사실 여러분은 대단한 거예요. 이 책을 여기까지 읽었으니까요. 적지 않은 분들이 스마트폰 때문에, 소셜미디어 때문에 집중을 방해받고 책 읽기를 중단했을 겁니다. 기술은 계속 발전하여 컴퓨터와 로봇은 점점 더 똑똑해지고 있지만, 반대로 인간은 점점 더 어리석어지고 있다는 느낌이 듭니다.

집중하지 못한다는 건 곧 아무것도 제대로 하지 못한다는 뜻입니다. 당연히 아무런 발전도 없겠죠. 집중하지 않고서는 영어 단어 하나 외울 수 없고, 쉬운 문제도 풀 수 없어요. 아예 공부 자체가 안 된다고 봐도 됩니다.

공부를 못하는 것으로 끝나면 차라리 다행이에요. 사실상 집중하지 않은 상태는 죽어 있는 상태와 다름이 없습니다. 집중하지 못하면 느낄 수 있는 게 거의 없으니까요. 음식을 먹을 때조차도 집중해야 맛을 느낄 수 있습니다. '음식이 코로 들어가는지 입으로 들어가는지 모른다'는 표현도 있잖아요. 사람들과 재미있는 대화는 가능할까요? 사랑을 나눌 수 있을까요? 게임이나 영화도 이해할 수 없습니다. 여러분의 수명이 단축되는 것과 다름없어요. 반대로 여러분이 집중을 잘할 수 있다면, 그래서 1시간을 마치 10시간처럼 쓸 수 있다면 삶을 더 넓고 깊게 살아갈 수 있습니다.

집중을 하기 위한 방법은 여러 가지가 있습니다. 그런데 정말 많은 분들이 놓치고 있는 게 있어요. 자신이 손에 쥐고 있는 수많은 일들은 그대로 쥔 채 무언가를 잘하려고 갖은 애를 쓴다는 거예요. 이래선 집중을 잘할 수 없습니다. 집중은 애를 쓰기 이전에 내가 쥔 많은 것들을 버리고 하나만 남기는 거예요. 그럼 놀라울 정도로 집중이 잘됩니다. 훨씬 쉬워져요. 많은 것들을 그대로 놔둔 채 하나에 몰입하는 것은 힘들기도 하고 실패할 확률이 높습니다. 다시 한번 말씀드릴게요. 버려야 합니다.

　책상 위에 공부할 것 하나만 빼고 다 없애버리세요. 스마트폰에 설치된 어플 중 공부와 관련된 것들을 빼고는 다 지우세요. 계정도 공부와 관련된 게 아니라면 다 지워야 합니다. 지금껏 쌓아온 게임 계정도요. 하나만 남기고 다 버리면 내 모든 정신이 그 하나에 집중됩니다. 이는 비단 공부만을 위한 이야기가 아니에요. 여러분이 이루고자 하는 것이 있다면 그것만 남겨보세요. 누구보다 빠른 속도로 원하는 것을 이루게 될 것입니다.

　인생을 살면서 일이 잘 안 풀리거나 집중이 안 될 때 무언가를 더하려 하는 것은 금물입니다. 오히려 빼야 합니다. 지우고, 비우고, 없애세요. 하다못해 책상이라도 깨끗하게 정리하면 집중도는 반드시 올라갑니다. 하고 싶은 것도, 보고 싶은 것도 많은 건 알지만 욕심을 부리다 보면 오히려 산만해지고 집중력만 떨어집니다. 업무를 할 때도 마찬가지고, 지금 문제집 한 장을 풀거나 독서를 하려 해도 마찬가지입니다.

반드시 명심하세요. 단언컨대 여러분은 무엇이든 이룰 수 있어요. 하나에 집중을 잘할 수 있다면 말이죠. 사실 여러분은 능력이 부족한 게 아닙니다. 잡다하고 덜 중요한 것들에 집중력을 도둑맞았을 뿐이에요.

집중력을 47% 향상시킨 소음의 힘

○

아시다시피 저는 유튜브 채널을 통해 오랫동안 학생 여러분에게 공부법을 알려주고 영어 강의를 해왔습니다. 구독자 수도 100만 명을 넘었어요. 그렇다면 제 유튜브 영상 중 구독자분들이 가장 많이 시청한 영상은 무엇일까요? 놀랍게도 제 강의가 아닙니다. 바로 '백색소음'이에요.

이 글을 쓰는 지금 가장 많은 조회수를 기록한 영상은 '강성태가 공부할 때 듣는 음악 | 피아노 연주곡 ASMR'입니다. 무려 조회수가 2200만 회가 넘어요. 그렇다면 왜 이렇게 많은 분들이 백색소음을 듣는 걸까요?

여러분 주변에서 친구가 떠들고 있거나 이웃집에서 쾅

쾅 못질하는 소리가 크게 들릴 때 집중이 잘되던가요? 그렇지 않죠. 우리의 뇌는 불필요한 소리를 거르는 데 에너지를 쓰기 때문입니다. 이렇게 불규칙한 소리가 들리면 집중이 흐트러지는 걸 넘어 금세 지치고 짜증이 납니다. 제가 강의 때 알려드리는 것 중에 'nausea'라는 단어가 있는데요. '멀미', '메스꺼움'이라는 뜻입니다. 이 단어와 같은 어원이 소음이라는 뜻의 'noise'입니다. 안 좋은 소음이 들리면 머리가 띵하고 멀미까지 난다는 거죠. 심지어 '괴롭히다'라는 뜻의 'annoy'도 같은 어원입니다. '노지아', '노이즈', '어노이' 셋다 발음도 비슷하잖아요. 그래서 지독한 층간소음을 경험해 보신 분들은 아실 거예요. 멀미가 날 정도로 얼마나 괴로운지를요.

그런데 이와는 좀 성격이 다른 소음이 있습니다. 바로 '백색소음'이에요. 라디오에서 들리는 지지직 소리, 창밖에서 들려오는 빗소리, 바람이 나뭇잎을 스치는 소리처럼 일정한 패턴을 가진 소리들입니다. 이런 소리는 오히려 우리의 뇌를 안정시켜 줍니다.

실제로 한국산업심리학회의 연구에 따르면 백색소음을

들을 때 집중력이 47.7퍼센트 향상되고, 기억력도 9.6퍼센트 좋아진다고 합니다. 또한 스트레스가 27.1퍼센트 줄어들고, 학습 시간도 13.63퍼센트 단축되는 효과가 있다고 밝혀냈죠. 백색소음은 우리를 괴롭히는 소음이 아니라 뇌를 편안하게 만들어주는 특별한 소리입니다. 더불어 백색소음을 들으면 뇌에서 '알파파'가 증가하는데, 이 알파파는 집중할 때나 마음이 편안할 때 나오는 주파수입니다. 반면 불안할 때 나오는 '베타파'는 줄어들죠. 그러니 백색소음을 들으면 자연스럽게 집중력이 올라가고 마음이 안정되는 것입니다.

사실 무수히 많은 분들이 지금껏 제게 공부하면서 음악을 들어도 되는지를 물어보셨는데요. 정답은 이미 말씀드린 것 같아요. 단조로우면서도 외부 소음을 차단시켜 주는 음악이나 자연의 소리는 들으셔도 좋습니다. 반면 가사가 있는 음악은 추천하지 않아요. 그 가사가 머릿속에 맴돌고 가사를 이해하느라 집중이 흐트러지기 때문에 좋지 않죠.

그렇다면 백색소음 중에서도 어떤 게 좋을까요? 저는 지금껏 집중이 잘된다는 소리들은 전부 수집하러 다녔는데요. 하버드대학교, MIT, 북경대학교, 서울대학교의 도서관 소리뿐 아니라 파도 소리, 숲속 소리, 카페 소음, 비 오는 소리, 장작 타는 소리, 비행기 소리, 심지어 삼겹살 굽는 소리와 찬송가에 사찰 소리는 물론 불경 읊는 소리까지도 올려보았습니다. 어떤 백색소음이 나에게 더 효과적인지 잘 모르겠다면 채널에서 가장 조회 수가 높은 인기도순으로 정렬해서 순서대로 들어보면 좋겠습니다.

다만 시험이 임박한 경우라면 꼭 '강성태 ASMR' 검색 결과로 나오는 시험장 백색소음으로 훈련하길 권합니다. 실제로 성적이 가장 잘 나오는 학습 환경이 어딘지 아나요? 실험으로 밝혀진 결과, 시험을 보는 바로 그 환경이었습니다. 그래서 실제 수능 고사장의 백색소음을 직접 가서 녹음해 왔어요. 수능의 경우 시험 시간표와 동일한 백색소음도 유튜브에 올려두었습니다. 감독관님 멘트와 안내방송까지도 동일하니까 꼭 활용하길 바랍니다. 떨림 없이 신나게 시험을 치를 수 있을 거예요.

10분의 기적, 포모도로 공부법

○

우리는 언제 가장 집중을 잘할 수 있을까요? 정답은 정해져 있습니다. 바로 '시간제한'이 있을 때예요. 생각해 보세요. 지금껏 가장 집중해서 공부했을 때는 아마도 벼락치기를 할 때였을 거예요. 급할 땐 시험 범위 전체를 하루 만에 보기도 하죠. 물론 시험이 종료되면 곧바로 비워진 휴지통처럼 머릿속에서 공부한 내용이 삭제되긴 하지만요.

시험을 치는 도중에도 마찬가지입니다. 감독관님이 "종료 10분 남았습니다!"라고 하면 어떤가요? 모든 정신을 쥐어짜서 어떻게든 혹은 찍어서라도 문제를 다 풀어냅니다. 이것도 시간제한의 효과죠. 이렇게 정해진 시간이 있을 때 우리는 초인적인 힘을 발휘합니다.

시간제한의 효과를 활용한 방법 중 세계적으로 가장 널리 알려진 것이 '포모도로 방법'입니다. 포모도로는 이탈리아어로 토마토라는 뜻인데, 프란체스코 시릴로라는 사람이 고안해 냈어요. 대학생 시절 그도 우리처럼 집중하기 어려웠는데, 그런 자신의 모습을 보며 고민에 빠졌다고 합니다.

그러다 우연히 부엌에서 빨간색 토마토 모양의 요리용 타이머를 발견했죠. 타이머를 25분으로 맞추고 그 시간 동안만 온전히 공부에 집중해 보기로 했습니다. 25분이 지나면 5분간 휴식하고요. 놀랍게도 이 방식은 예상보다 훨씬 효과적이었어요. 이후 많은 사람들이 같은 방식을 따라 하기 시작했고, 전 세계에서 가장 유명한 집중 기술이 되었답니다.

포모도로 방법 역시 25분이라는 시간제한 덕분에 집중에 도움이 되는 것입니다. 하지만 그와 같이 꼭 25분을 맞출 필요는 없어요. 프란체스코 시릴로가 25분으로 시간을 설정한 것은 타이머 때문이었어요. 당시만 해도 공부를 위한 타이머는 따로 없었고 요리에만 사용되었거든요. 타이머가 25분으로 설정된 건 토마토 파스타를 요리하기 위한 시간이었기 때문입니다. 그래서 타이머 모양도 토마토이고요.

그렇다면 어느 정도 시간제한을 두고 공부하는 게 도움이 될까요? 극단적으로 타이머를 10시간으로 맞춰놓는다면 시간에 쫓기는 기분을 느낄 수 없겠죠. 오히려 시간이 많이 남았다는 생각에 느슨해질지도 몰라요.

저는 여러분에게 10분을 추천합니다. '애걔, 겨우 10분? 강성태가 나를 무시하는 건가?'라는 생각이 들 수도 있어요. 하지만 10분이 좋은 이유는 누구나 부담 없이 시작해 볼 수 있기 때문이에요. 만약 10시간씩 매일 공부해야겠다고 마음먹는다면 시작하기도 전에 지칠지 몰라요. 충분한 시간이 확보되지 않으면 아예 시작할 수도 없고요. 하지만 10분이라면 아무리 바쁜 사람도, 습관이 전혀 없는 사람도 지금당장 해볼 수 있어요.

이것은 습관을 만들 때 아주 중요한 팁입니다. 공부법을 습관으로 만드는 책인 『강성태 66일 공부법』에서도 핵심 메시지는 "습관은 작게 시작해 크게 만드는 것이다"였죠. 이것이 「SBS 스페셜」이라는 방송 프로그램으로도 제작되었는데 오죽하면 방송 제목 자체가 '당신의 인생을 바꾸는 작은 습관'이었습니다.

10분이 너무 짧다고 생각하기 전에 일단 여러분이 직접해보길 추천합니다. 지금 딱 10분만, 휴대폰도 끄고 방문도

잠그고 다른 모든 생각들을 꺼버린 채로, 하늘이 무너지고 땅이 꺼져도 모를 정도로, 하나의 개념 혹은 문제 하나에 파고들어보세요.

막상 해보면 10분 동안 온전히 집중력을 발휘하는 것이 그리 쉽지 않다는 걸 느끼게 될 거예요. 요즘 세상이 단 10분도 우리를 가만히 놔두지 않으니까요.

또한 10분이 내 예상과 달리 많은 양을 공부할 수 있는 긴 시간이라는 것도 깨닫게 될 거예요. 집중했을 때의 뿌듯함은 덤이고요.

가장 놀라운 사실은 집중해서 공부하는 시간이 딱 10분으로 끝나지 않는다는 것입니다. 저는 새해부터 오픈채팅방을 열어 하루에 최소 10분 이상 집중하는 모임을 만들었는데요. 이름은 '집중력 높아지는 방'입니다. 여러분도 참여할 수 있어요. (책 앞날개에 입장을 위한 QR코드가 있어요.) 그런데 여기 참여하신 분들이 10분만 공부하고 끝내지 않더라고요. 충격적이게도 하루 평균 2시간 이상씩 공부하고 있답니다. 어제의 평균 집중 시간은 2시간 28분 58초였네요.

이것이 심리학에서 말하는 '행동관성의 원리'입니다. 말 그대로 우리가 아는 관성의 법칙이에요. 멈춰 있는 것을 움직이려면 큰 힘이 들지만, 일단 움직이면 계속 움직이려고 하는 게 물리 법칙이잖아요. 사람의 행동도 마찬가지예요. 처음 시작은 어렵지만 일단 시작하면 그 행동을 계속하려는 경향이 있어요. 이불 속에 있으면 계속 이불 속에만 있고 싶죠.

달리기 역시 '한 바퀴만 뛰어야지' 마음먹고 시작하지만, 막상 뛰면 열이 오르고 더 도전하고 싶어지잖아요. 그렇게 10분 도전을 반복하다 보면 집중력이 높아질 수밖에 없어요. 점점 시간도 늘려가 보세요. 어느 순간부터는 1시간이고 2시간이고 흔들림 없이 공부하는 여러분을 발견할 수 있을 거예요. 10분의 기적은 바로 여러분의 이야기가 될 것입니다.

스톱워치로 분초를 관리하는 법

○

학창 시절 저의 가장 큰 고민은 시간 부족이었습니다. 특히 모의고사를 볼 때 늘 시간이 부족했어요. 마지막 문제들은 찍은 적이 한두 번이 아니었죠. 혹여나 풀더라도 시간에 쫓겨 건성으로 읽었습니다. 결과가 좋을 리 없었어요.

고민 끝에 저는 특단의 조치를 취했습니다. 모든 문제를 풀 때 하나씩 시간을 재기로요. 과장이 아닙니다. 사실 이것이 지금은 너무나 많이 알려진 '스톱워치 공부법'의 시작이었습니다.

스톱워치 공부법은 '순수 집중 시간'을 재는 방법입니다. 집중해서 공부를 시작하면 스타트, 잡념이 들거나 화장실에 가면 일시정지, 다시 공부를 시작하면 스타트하는 방식으로 공부하면 진짜로 집중해서 공부한 시간만 잴 수 있어요. 또 분초가 빠르게 올라가니 마치 실제 시험을 볼 때 시간에 쫓기는 듯한 기분을 느낄 수 있어 집중하는 데 도움이 됐습니다.

10여 년 전 이 방법을 방송에서 말했는데 그다음 날 전국의 문구점에서 스톱워치가 동나는 일이 벌어졌습니다. 그때만 해도 스톱워치는 주로 달리기를 할 때 시간을 재는 용도로만 썼거든요.

그 당시 제가 처음 시작한 스톱워치 공부법은 정말 집요할 정도였습니다. 첫 문제를 풀 때 분과 초를 문제 상단에 잽싸게 적습니다. 초집중해서 빨리 풀고, 다 풀면 곧바로 분과 초를 문제 하단에 적었죠. 적으면서 내가 대략 몇 분 만에 이 문제를 풀었는지 순간적으로 확인했습니다.

그러고 나서 곧바로 다음 문제를 풀어요. 앞 문제를 마친 시간이 다음 문제를 시작한 시간이기에 두 번째 문제부터는 시작 시각을 적을 필요가 없습니다. 영어 시험의 경우 저는 한 문제당 1분 이내로 풀려고 갖은 노력을 다했습니다. 한 문제 한 문제 스톱워치로 시간을 재는 게 아니에요. 중간중간 멈추는 게 아니라, 시간이 계속 흘러가는 상태로 스톱워치를 켜두고 끝까지 문제를 풀었습니다.

설명을 들으면 간단해 보이지만 1시간 정도 이렇게 공부해 보면 정말 머리가 핑핑 돌 지경이 됩니다. 컴퓨터를 풀가동시키면 전기를 많이 먹듯 머리를 많이 쓰니 배고픔이 느껴질 정도였어요. 엄청난 집중력을 발휘하게 됩니다. 게다가 문제 하나에 1분이라는 제한을 두니 머릿속 모든 신경이 한 문제에 몰두하게 됩니다.

이런 차원에서 보면 지금 널리 알려진 스톱워치 공부법은 최초에 제가 했던 방식보다는 느슨한 편이에요. 한 문제 한 문제 초 단위까지 체크하진 않으니까요. 제가 시도했던 방식은 뇌를 혹사시킬 정도로 가혹한 수준이었습니다.

물론 문제를 풀 땐 정말 시험을 보듯 피 말리는 심정으로 풀고, 그 이후에 모르는 단어나 구문을 분석하는 과정은 충분한 시간을 두고 꼼꼼하게 공부했습니다. 실전처럼 속도를 높여 풀고, 틀린 부분은 다시 집중해 꼼꼼히 다지는 이 두 방식이 함께 이루어져만 합니다.

이 방법에 익숙해진 뒤로 저는 시험을 볼 때 시간이 부족하다고 느끼지 않게 되었습니다. 어느 순간부터는 늘 시간이 남았어요. 검토를 두세 번씩 할 정도가 되었죠. 나중엔 더 이상 문제마다 시간을 잴 필요도 없어졌고, 지금의 스톱워치 공부법처럼 전체 시간만 측정했답니다.

이러한 스톱워치 공부법은 친구에게서 배운 것은 아니었습니다. 제 주변에 이렇게 공부하는 친구는 없었거든요. 그저 제가 필요해서 시도했고, 효과가 있었기 때문에 지속할 수 있었죠.

당시 저는 제 자신을 실험 대상으로 삼아 무수히 많은 방법들을 적용해 효과 있는 것들만 찾아냈습니다. 효율이 좋다 싶은 방법을 발견했을 땐 마치 산삼을 캔 기분이었죠.

스톱워치 공부법 말고도 공신들이 널리 전파한 공부법들이 많습니다. 내 공부에 적용해 보며 나에게 맞는 방법을 발견하고 그것을 습관으로 들이길 바라겠습니다. 저처럼 자기만의 새로운 공부법을 개발해 보는 것도 좋고요. 그렇게 하나둘 공부법을 찾아간다면 공부에 대한 자신감을 얻을 수 있고, 마침내 여러분은 원하는 꿈과 목표에 반드시 도달해 있을 겁니다.

조급함을 이겨낼 때
가능해지는 기적

어릴 적부터 줄곧 1등을 놓쳐본 적이 없었다. 주변에서도 학교에서도 나를 서울대에 갈 학생이라고 낙점했다. 기대에 부응해 정말로 서울대 지역균형 수시 1차에 합격했고 곧 대학생이 될 거란 기대에 부풀었다. 그런데 예상과 달리 나는 최종 불합격했다. 수능 최저 기준을 맞추지 못한 것이다.

속된 말로 이 얼마나 쪽팔린 일인가? 곧바로 재수를 선택했다. 수능 모의고사 성적도 나쁜 편은 아니었기에 정시를 노리기로 마음먹었다. 서울대 말고 합격한 다른 학교도 있었지만 적을 두면 재수가 실패해도 돌아갈 곳이 있으니 나태해 질 거란 생각에 아무 대학에도 등록하지 않았다.

재수는 노량진에서 시작했다. 공부 잘해야 받아주는 강

남 학원에도 갈 수 있었지만, 부모님께 부담을 드리고 싶지 않았다. 장학금을 받으며 공부할 수 있는 노량진에서 버텨보기로 했다. 다행히 재수 내내 학원 장학금을 단 한 번도 놓치지 않았다.

그만큼 공부에 모든 것을 걸었다. 학원 근처에 고시원 방을 얻어서 생활했다. 그곳에선 말 그대로 잠만 잤다. 나머지 시간엔 공부만 했다. 공부 말고는 다른 일에 신경 쓰고 싶지 않아서 일부러 친구도 사귀지 않았다. 밥도 항상 혼자 먹었다. 나는 재수학원에서 독한 놈이라고 소문났고, 그만큼 성적도 잘 나왔다. 모의고사를 보면 몇 십 분씩 시간이 남기도 했다. 전국 1등을 찍어본 적도 있었다. 모든 것이 완벽하기만 했다.

비로소 다가온 대망의 수능일. 내 모든 것을 쏟아부었기에 후회도 없을 것 같았다. 국어 시험을 치르기 전까지는.

국어 문제를 푸는데 이건 아니라는 생각이 들었다. 막히기 시작했다. '지금껏 모의고사를 보면서 이랬던 적이 없었는데. 늘 전국 몇 등 안에 들었는데. 아, 이러면 안 되는데…'

갑자기 눈물이 핑 돌았다. 지금껏 몸도 제대로 누이기 힘든 고시원에서 새우잠을 자며, 죄인처럼 꾸역꾸역 밥을 흡

입하며 고생했던 순간들이 머릿속에 스쳐 지나갔다. 엄마 얼굴도 떠올랐다. 고개를 저어가며 정신을 차리고 심호흡을 해봤다. 하지만 이미 말리고 있다는 생각을 떨칠 수가 없었다.

시험이 끝나자마자 뒤를 돌아 물어봤다. 교복을 입고 있는 걸 보니 현역인 게 분명했다. 나보다 어릴 테니 다짜고짜 말을 걸었다.

"이번 시험 어려웠냐?"

"어… 그냥 평상시 같았는데요."

하늘이 노래졌다. 보통 난이도의 시험을 이렇게 망치다니. 결국 화장실에서 참았던 울음이 쏟아졌다. 삼수를 해야 하나? 지금이라도 조퇴를 할까? 이렇게 내 인생이 끝나는 걸까?

겨우겨우 정신을 차리고 자리에 앉았다. 시험지를 받았지만 이미 제정신이 아니었다. 꾹꾹 참으며 문제를 풀었지만 마지막 교시까지 그야말로 가시방석에 앉아 있는 기분이 들었다.

고사장을 나가 부모님을 보는 순간 아무 말도 할 수 없었다. 나를 위로하는 그 말이 하나도 들리지 않았다. 죽고 싶었다. 환한 표정으로 나오는 수험생들을 보니 더 비참해졌다. 저녁밥을 먹을 수가 없었다.

그런데 이게 웬일인가? 뉴스마다 이번 수능 국어가 최고의 난이도였다는 보도가 쏟아졌다. 아니, 이게 어떻게 된 일이지? 뒤에 앉아 있던 녀석은 분명 평상시랑 비슷하다고 했는데? 뉴스가 맞는 거야, 그 녀석이 맞는 거야?

숨을 죽이며 채점을 했다. 바닥에 주저앉고 말았다. 상위 1퍼센트 이내였다. 만점은 아니었지만 어떤 대학을 지원해도 전혀 조금도 부족함이 없을 점수였다.

하지만 문제는 따로 있었다. 나머지 과목을 그야말로 완전히 말아먹은 것이었다. 다른 과목은 난이도가 평상시와 비슷했지만 이미 멘탈이 나간 상태였기 때문에 집중이 됐을 리 만무했고, 눈물을 쏟아낸 탓에 체력도 다 빠져버린 것이었다.

나머지 과목을 정신만 차리고 봤어도 충분히 다시 서울대를 노릴 수 있었는데, 시험도 야속하고 수능도 야속하고 뒷자리에 앉은 녀석도 야속했지만 시간을 돌릴 수는 없는 노릇이었다.

끝날 때까진 끝난 게 아니다

○

어떤가요? 너무 절망적이지 않나요? 앞서 이야기한 케이스는 실제 공신의 경험입니다. 직접 들을 때도 너무 안타까웠는데, 여러분에게 잘 전달되었을지 모르겠습니다.

시험을 보는 수험생에게 어떤 과목이 가장 중요할까요? 시험만을 생각한다면 저는 무조건 '1교시 과목'이라고 말합니다. 중간고사나 기말고사도 첫날이 잘 풀리면 다음 날 시험 준비에 대한 의욕도 더 커지죠. 그러니 첫 시험 시간에 맞춰 컨디션 조절과 평정심 관리가 필요합니다. 하지만 많은 사람들이 1교시가 원하는 대로 안 풀리거나 모의고사를 볼 때와 다른 느낌을 받으면 그냥 포기해 버리곤 합니다.

그래서 저는 늘 이렇게 이야기합니다. "절대로, 어떤 경우에도 끝날 때까지 끝난 게 아니다!" 모든 시험이 마찬가지입니다. 마지막 시간에 종이 치고 나서 감독관 선생님이 "수험생 여러분, 오늘 하루 정말 수고 많으셨습니다. 퇴실하셔도 좋습니다"라고 할 때까지, 그 말이 정확히 나오기 전까지 절대로 포기해서도, 마음을 놓아서도, 자만해서도 안 됩니다. 다른 생각이 잠입할 틈도 주지 말라고 늘 강조합니다.

저는 매년 교육청에 등록해 실제 수능 시험장에 가서 시험을 쳤습니다. 요즘은 잘 없는데 예전에는 쉬는 시간에 답을 맞춰보는 학생들도 있었어요. 그런데 제가 옆에서 듣다 보면 정답이 아닐 때도 많더라고요. 그 모습을 보고 있자면 정말 가관입니다. 애매한 문제들은 그냥 목소리 큰 친구가 말한 게 답이에요. 가서 그거 답 아니라고 알려주고 싶을 정도입니다.

이런 행동이 다음 시험에 도움이 될까요? 의욕을 불러일으키고 정신을 더 다잡게 해줄까요? 절대 아닙니다. 쉬는 시간에 답 맞춰보면 안 돼요. 멘탈이 흔들리니까요. 만약 틀린 문제를 찾으면 사기가 꺾이고 당황할 수 있어요. 게다가 조금만 더 생각하면 맞출 수 있었던 문제를 틀렸다면 그 미련이 다음 시험에 분명 영향을 미칩니다. 실수로 틀린 문제도 마찬가지고요.

시험은 어렵게 나올 수도 있고 쉽게 나올 수도 있습니다. 난이도가 어떠하든 그건 나에게만 해당하는 게 아니에요.

저는 수험생 시절에 심리적으로 제가 취약하다는 걸 알고 있었기에 이런 실수를 어떻게 하면 하지 않을지 고민했습니다. 평소엔 최선을 다해 좋은 컨디션으로 시험을 보지만, 뭔가 느낌이 안 좋다고 느껴지면 곧바로 집중력이 흐트러졌거든요.

그래서 문제가 어렵게 나와서 멘탈이 흔들릴 것 같으면 일부러 웃기로 마음먹었죠. 저에게만 어려운 게 아니라는 걸 상기하기 위해서요. 중요한 시험을 볼 때 당황하고 쫄아서 망친 적이 있기 때문에 저만의 규칙을 세웠어요. 그런데 이 방법이 의외로 효과가 있었습니다.

여러분, 지금 한번 웃어보세요! 기분이 나아질 걸요? 기분이 좋아서 웃음이 나지만, 반대로 웃으면 기분이 나아진다는 것도 이미 과학적으로 명확히 밝혀졌습니다.

'와, 이렇게 어려운 시험이라니… 다들 고생 꽤나 하겠는데?'

이런 생각을 하며 혼자 웃었으니, 만약 옆에서 저를 봤다면 좀 이상한 사람이라고 생각했을 수도 있겠네요. 하지만 저는 흔들리지 않았습니다. 내가 어려우면 남들도 어렵다는 건 모든 시험의 진리입니다. 혼자 떨다가 패닉에 빠지면 나만 손해입니다.

심지어 어렵다는 건 어떤 면에선 좋은 일이죠. 너무 쉽게 나오면 다 맞출 테니까요. 그러다 혹시 제가 실수로 하나를 틀리면 등수는 곧바로 안드로메다로 떨어집니다. 반대로 어렵다면? 다른 학생들도 대부분 틀릴 겁니다. 그들보다 제가 더 많이 풀 수 있다면 진짜 큰 기회겠죠.

어려울 때 웃는 방법은 어른이 되어서도 요긴하게 쓰였습니다. 힘든 일이 있을 때마다 저는 일부러라도 웃으려고 합니다. 확실히 스트레스가 사라지고 어느 정도 안정을 찾게 되거든요. 잠깐 자고 일어나서 다시 도전할 용기와 체력을 얻을 때도 있습니다. '힘들수록 웃는다, 웃으면 웃을 일이 생긴다.' '설령 지금 이 일이 잘 안 돼도 인생이 끝나는 건 아니다.' 저는 이런 생각으로 지금껏 버텨왔습니다.

사실 이건 믿음의 차이입니다. 시험 문제가 어렵게 느껴진 순간 '망할 것이다'라는 나쁜 믿음이 생기고, 뒷자리 학생이 '평소랑 크게 다르지 않은데요' 하고 말하면 '나만 망했구나' 하는 또 다른 나쁜 믿음이 생기는 거죠.

만약 그 어려운 국어 시험이 끝나고 난 뒤 그 교실에 있던 모든 학생이 한숨을 쉬고 울상을 지었다면, 재수생 공신의 운명은 달라졌을까요? 뒷자리에 앉은 학생이 덩달아 울면서 "저도 초상집이에요. 근데 누구신데 반말하세요?"라고 말했다면, 재수생 공신은 그 정도로 무너지진 않았을 거예요. 결국 그 순간에 '이렇게 어렵다는 건 다른 사람에게도 어려웠다는 것이다. 그러니 나에게 더 유리할지도 몰라!' 하는 긍정적인 믿음을 가졌더라면 성공적으로 수능을 마쳤을 것입니다.

결국 이 공신 멘토는 재수에 실패한 뒤 삼수를 선택했습니다. 다행히 재수 시절의 실수를 반복하지 않았죠. 상황별로 자신이 믿어야 할 긍정적인 생각들을 확고히 정해두었고, 이를 적용한 결과 꿈에 그리던 서울대에 합격할 수 있었습니다.

조급함이 가장 큰 적이다

○

여러분은 능력이 부족한 게 아닙니다. 바로 조급함이 여러분을 괴롭히고 있는 겁니다. 한 달 걸릴 공부를 하루 만에 끝내려 하니, 하루 걸릴 공부가 한 달이 걸리는 것입니다. 계획을 무리하게 세우면 그 부담감 때문에 시작도 못하거나 3일도 못 가 포기하고 좌절하게 됩니다. 애초에 불가능했던 계획인데 가능할 리가 없죠.

학생 여러분뿐만 아니라 학부모님들 역시 조급함에 시달릴 때가 많습니다. 다른 집 애는 이미 저만큼 선행을 했는데 우리 아이만 뒤처진 게 아닌가 걱정할 때가 많죠. 그런데 생각해 보세요. 건성으로, 제대로 다 이해하지도 못하고 진도만 나가는 경우가 얼마나 많은가요? 틀린 문제를 온전히 내 것으로 만들지도 않고, 실력이 아니라 문제집 양으로만 승부하는 소위 '양치기' 학생들이 대부분입니다.

우리만의 문제는 아닙니다. 갈수록 사람들은 더 조급해지고 있습니다. 우리가 처한 환경이 우리를 조급하게 만들거든요. 세상은 얼마나 빨리 변하고 있나요? 스마트폰은 당장이라도 답을 안 하면 큰일 날 것처럼 쉬지 않고 울려댑니다. 유튜브 영상도 30초 안에 자극적인 장면이 나오지 않으면 그냥 넘겨버립니다. 따분함을 견디지 못하고, 잠시도 기다리지 못하며, 주변을 둘러볼 여유도 가지지 못합니다. 공부 역시 다르지 않습니다.

조급함 때문에 우리는 행복마저 놓치고 있어요. 그토록 재미있는 게임이라도 하루 만에 모든 판을 다 깨야 하거나, 해내지 못할 경우 혼나고 벌을 받는다면 재미를 느낄 수 있을까요? 스트레스만 쌓일 것이고 동기마저 떨어질 것입니다.

공부는 충분히 재미있게 할 수 있어요. 그런데 우리는 조급함 때문에 공부의 순간을 온전히 즐기지 못합니다. 조급하니까 목표를 나눠서 세우지 못하고, 괜히 수준에 맞지도 않는 어려운 문제를 풀려고 합니다. 조급하니까 피드백을 기다리지도 못하고 어떤 부분이 부족하고 어떤 부분을 잘했는지 점검하지도 않은 채 그냥 지나칩니다. 그러다 보니 발전이 없습니다. 지식들 간에 충분한 연결이 되지 않으니 단순 암기식으로 공부하게 되고요.

공부 습관은 쉽게 만들어지지 않습니다. 습관이 형성되기 위해서는 평균적으로 66일이 걸립니다. 공부를 안 하던 학생도 이 정도의 시간을 투여하면 모범생의 생활 습관을 가질 수 있어요. 최소 66일을 참으면 되는데, 그렇게 하면 인생이 바뀔 수 있는데 이 66일을 참지 못해 불행한 삶을 살아가게 됩니다.

도와주고 싶어도 도움을 드리기 쉽지 않아요. 상담을 할 때 정말 말문이 막히는 질문이 나올 때가 있습니다.

"기초도 부족한 상황입니다. 하지만 의대는 꼭 가고 싶습니다. 어떻게 해야 할지 모르겠으니 빠르고 성실한 답변 부탁드립니다."

솔직히 드릴 답이 없어요. 자신이 어떤 상황인지 어떤 문제점이 있는지 설명도 없이 그저 의대 가는 방법만 알려달라니요. 조급함 때문에 자신을 돌아볼 여유도 없는 겁니다.

특히 늦게 공부를 시작한 분들이 조급함에 발목 잡히는 경우가 많습니다. 흔히 늦게 시작한 걸 걱정하는데, 오히려 조급함이 더 큰 문제입니다. 늦었다는 생각에 조급해지기보다 차라리 늦었다는 생각을 버리고 꾸준히 하는 것이 더 나은 길입니다.

여러분이 꿈을 이루는 방법은 단 하나입니다. 꿈을 작게
쪼개어 매일 꾸준히 해나가는 것입니다. 올해 전국 수석을
한 학생도, 내년에 할 학생도 수많은 지식을 차근차근 나누
어 공부했을 뿐입니다. 하루아침에 이루어진 일이 아니죠.
공부뿐만이 아닙니다. 인류 역사상 최고의 결과물들을
보면, 하나도 예외 없이 조급함을 누르고 차근차근 쌓아온
것들입니다. 만약 에디슨이 조급했다면 전구를 발명하기
위해 수천 번이나 시도할 수 있었을까요? 피라미드도, 만리
장성도, 팔만대장경도 벽돌 한 장씩 차근차근 쌓아온 결과
입니다. 결과를 빨리 보겠다는 마음이 앞서면 오히려 더 늦
어질 것입니다.

『강성태 66일 공부법』 책에 소개해 드린 쉬운 방법 하나
알려드릴게요. 여러분이 공부해야 할 양을 현실적으로 측정
해 보세요. 대부분 일주일도 안 돼 문제집 한 권을 다 풀겠다
고 계획을 세우지만, 그보다는 현실적으로 내가 하루에 할
수 있는 양을 계획하는 것이 중요합니다. 한 번도 공부량을

체크해 본 적 없다면, 먼저 한 시간 동안 공부하면서 자신의 속도와 양을 측정해 보세요. 예를 들어 한 시간 안에 『강성태 영어독해 속독편』 열 페이지를 공부할 수 있다면, 그것을 기준으로 계획을 세워보는 겁니다. 그렇게 하루 분량을 정하고 매일 꾸준히 해나가면 목표에 도달할 수 있습니다. 이것 말고는, 목표에 도달할 방법이 이 세상에 없습니다.

 빨리 하려고 애쓰기보다는 꾸준히 하려고 애써보세요. 빨리 안 될 것을 걱정하기보다는 중단되거나 포기하게 될 것을 걱정해야 합니다. 그것이 훨씬 더 빠르게 여러분을 꿈으로 이끌어줄 것입니다. 조급함을 내려놓을 수 있다면 풀리지 않던 인생의 많은 문제가 풀릴 것입니다.

다른 애들이 긴장할 때 저는 그냥 풀어요

○

 퀴즈를 하나 풀어볼까요? 테이블에 압정이 들어 있는 박스 하나, 한 자루의 양초, 그리고 성냥이 놓여 있습니다.
 "벽에 양초를 붙이고, 대신 촛농이 테이블 위에 떨어지지 않게 하세요."

이 실험은 프린스턴대학교의 샘 글럭스버그 교수가 진행한 '양초 실험'입니다. 대학교 심리학 교재에 빼놓지 않고 실려 있는 유명한 실험이죠. 여러분도 읽기를 중단하고 한 번 풀어보세요.

대부분의 사람들은 양초에 압정을 꽂거나 촛농을 녹여 벽에 양초를 붙이는 등 다양한 시도를 합니다. 하지만 거의 다 실패합니다. 정답은 뭘까요? 압정 박스에서 압정을 꺼내 그 압정으로 박스를 벽에 고정한 뒤, 초를 박스 위에 올려 성냥으로 불을 붙이는 것입니다. 여러분은 답을 찾았나요? 아니면 그보다 더 기발한 방법을 생각해 냈나요?

이 실험이 끝나고 나서는 다시 사람들을 두 그룹으로 나누어 추가 실험을 했습니다. 첫 번째 그룹에게는 단순히 "문제를 해결하는 데 걸리는 평균 시간을 측정하는 실험"이라고 설명했고, 두 번째 그룹에게는 "문제를 빨리 해결하는 상위 25퍼센트의 사람에게는 5달러를 주고, 가장 빨리 푸는 사람에게는 20달러를 주겠다"라고 말했죠.

두 그룹 중 어떤 그룹의 사람이 가장 빨리 문제를 풀었을까요? 아마도 20달러의 보상을 약속받은 두 번째 그룹의 사람이 문제를 더 빨리 풀었을 거라고 예상했을 겁니다. 하다 못해 사탕 하나를 걸어도 우리는 그것을 받기 위해 더 열심히 하니까요.

그런데 놀랍게도 정반대의 결과가 나왔습니다. 경제적 보상을 제시받은 두 번째 그룹의 평균 문제 해결 시간이 첫 번째 그룹에 비해 3분 25초나 더 걸린 겁니다.

이 실험은 경제적 보상이 항상 성과를 향상시키지는 않는다는 걸 명확히 증명해 냈습니다. 그렇다면 '돈'이라는 강력한 동기가 있었는데도 왜 오히려 문제를 늦게 풀었던 걸까요? 바로 '강박감' 때문이었습니다. 그리고 강박감이 생각을 방해한다는 게 이 실험으로 증명됐죠.

시험 종료 3분 전 마지막 문제를 풀지 못하고 끙끙대고 있는데, 결국 종이 울리고 맨 뒷사람이 시험지를 걷어갑니다. 눈물을 머금고 시험지를 제출한 뒤 펜을 내려놓은 그 순간, 갑자기 답이 불현듯 떠오르는 경험을 해본 적이 있나요? 이 현상의 이유도 간단합니다. 긴장이 풀렸기 때문입니다. 시험이 끝났다는 안도감에 그제야 머리가 돌아가기 시작한 겁니다. 이렇듯 시험 시간에 느껴지는 강박감은 치명적입니다.

저는 매년 수능이 끝나면 수능 만점자를 초대해 인터뷰하고 그 영상을 유튜브에 올립니다. 학생들에게 최대한 구체적으로 도움을 주기 위해 공부에 도움이 될 만한 이야기를 정말 모조리 털어내죠.

한번은 수학에서 단 한 번도 1등을 놓쳐본 적 없고, 각종 경시대회에서도 이름을 날린 공신 멘토를 인터뷰했습니다. 서울대 재학생이었는데요. 가장 먼저 수학에 대해 물었습니다. 그랬더니 이런 답이 돌아왔어요.

"저는 수학을 특별히 잘한다고 생각해 본 적은 없는데요. 굳이 비결이라고 하면, 다른 애들이 긴장감에 쫓겨서 문제를 못 풀 때도 저는 그냥 풀어요."

저는 유독 이런 이야기를 하는 공신들을 많이 봤습니다. 이것을 반대로 생각해 볼까요? 여러분이 스트레스와 조급함을 이겨내기만 해도, 평정심을 유지하기만 해도 문제를 더 빨리, 더 잘 풀 수 있다는 뜻입니다. 강박감과 조급함 없이 문제를 풀었던 첫 번째 그룹이 3분 25초나 더 빨리 답을 냈다는 게 실험 결과로도 밝혀졌잖아요. 3분 25초라는 시간은 수능을 포함한 시험에서 고난이도 문제 하나를 풀어낼 수 있는 충분한 시간입니다.

스트레스를 덜 받고, 덜 자책하고, 설령 틀린 문제가 나온다 해도 그것을 발전의 기회로 여긴다면, 지금껏 여러분이 알지 못했던 여러분의 진짜 능력을 만나게 될 수 있을 겁니다. 그러니 가능하다면, 공부할 때마다 즐기는 마음을 발휘하길 바랍니다.

이것은 비단 공부를 위해서만 하는 이야기는 아니에요. 인생을 살면서 우리는 모의고사나 중간고사보다 더 큰 시험들을 치를 것입니다. 사업의 명운이 달린 발표나 취업 인터뷰 등을 해내야 할 거예요. 쫄지 마세요. 너무 걱정하지 마세요.

공부든 다른 무엇이든 스스로를 옥죄고, 강박감을 느끼고, 자책한다면 여러분이 지닌 능력을 100퍼센트 발휘할 수 없습니다.

○

"당신은 8개의 문항으로 구성된 매우 어려운 IQ 테스트를 치를 것입니다. 모든 질문에 정확하게 답하면 4달러를 벌 수 있죠. 대신 틀린 답을 할 때마다 50센트를 잃게 됩니다. 부디 손실을 최소화할 수 있길 바랍니다."

하버드대학의 앨리슨 우드 브룩스 교수는 스트레스 상황에서 어떤 마음가짐을 지닌 사람이 최고의 성과를 내는지 실험해 보기로 했습니다. 그러고는 학생들에게 엄청난 시간 압박이 느껴지는 어려운 수학 문제를 풀게 했는데요. 다만 이걸 'IQ 테스트'라고 속여서 설명했죠.

왜 그랬을까요? 보통 사람들은 IQ 테스트라고 하면 단순한 수학 문제 풀이보다 더 많이 긴장하기 때문입니다. 게다가 맞히면 보상을 주지만 틀리면 돈을 잃게 하여 부담감과 불안을 증폭시켰죠. 이 실험은 최고의 압박감과 스트레스를 주도록 설계되었습니다.

시험을 치르기 전 학생들은 세 그룹으로 나뉘었습니다. 그러곤 각각 "침착하게 풀어보라", "신나게 풀어보라", "잠시만 기다려 달라"라는 문구를 읽게 했죠.

과연 어떤 그룹의 수학 점수가 가장 높았을까요? 보통의 사람들은 "침착하게 풀어보라"라는 문구를 읽은 사람들일 거라 예상합니다. 그런데 결과는 정반대였어요. "신나게 풀어보라"라는 문구를 읽은 그룹의 수학 점수가 훨씬 높았습니다. 이들은 평가를 위협이 아닌 기회로 받아들였기 때문입니다.

이 실험이 의미하는 바는 무엇일까요? '침착하자'라고 다짐하는 일이 항상 최선은 아니라는 것을 뜻합니다. 물론 침착하자는 노력이 실제로 효과를 발휘할 때도 있죠. 문제는, 침착해지려고 해도 잘 안 될 때입니다. 이럴 땐 오히려 불안이 증폭될 수 있어요. 차라리 '신난다'라고 생각하면서 즐기는 마음을 가지는 것이 더 좋은 결과를 낼 수도 있습니다.

사실 불안과 침착은 감정의 스펙트럼에서 서로 반대편에 있거든요. 그래서 불안을 느낄 때 마음을 진정시키는 건 결코 쉽지 않습니다.

불안한 마음을 침착하게 만드는 건, 즉 감정을 극에서 극으로 바꾸는 건 수행을 오래 하신 스님이나 신부님 정도가 되어야 가능할지도 몰라요. 오히려 우리 같은 일반 사람들은 감정을 억누르려는 시도가 더 큰 스트레스로 작용할지도 모릅니다. 시도했는데 안 되면 더 불안해지는 학생들도 많이 봤습니다.

이럴 때는 차라리 심장 박동을 '신남'의 상태로 만드는 게 더 좋습니다. 놀이기구를 탈 때의 신남이나 발표 전의 긴장감은 사실 비슷한 감정이거든요. 손에 땀이 나고, 가슴이 뛰는 순간을 떠올려보세요.

사실 긴장과 흥분은 같은 뿌리를 가진 감정입니다. 차이점은 우리가 그것을 어떻게 받아들이느냐에 있죠. 이제, 스트레스를 받을 때마다 그 상황을 다르게 인식해 보세요. 불안을 즐거운 도전이라고 여기는 겁니다. 스스로에게 "반드시 잘될 거고 신나게 해보자!"라고 억지로라도 말해보세요. 더 나은 결과를 얻을 수 있을 겁니다.

그리고 이것은 '공신'의 원래 의미이기도 하잖아요. 교육 봉사 동아리 이름을 정할 때 '공부를 신나게' 할 수 있도록 도와준다는 의미로 이름을 지었다는 것, 말씀드렸죠? '공부의 신이 되어야겠다', '1등을 해야겠다'라고만 생각한다면 긴장은 더 커질 수밖에 없을 거예요. '공부의 신'이 되려고 하지 말고 '공부를 신나게 한다'고 생각해 보세요. 그 생각은 여러분을 저절로 '공부의 신'으로 만들어줄 테니까요.

현실을 만든 건
모두 믿음이었습니다

저희 어머니께는 특별한 점이 있는데요. 절대 부정적인 말씀을 하지 않는다는 것입니다. 그래서 농담으로라도 "망했다", "죽겠다" 같은 부정적인 말을 절대 하지 않으세요. '말하는 대로 다 이루어진다'는 말을 굳게 믿으시기 때문입니다. 실제로 나이가 드신 지금에 와 돌아보면, 다 말씀하신 대로 이루어졌다고 하세요. 어릴 땐 어머니의 태도가 당연한 거라고 생각했는데, 어른이 되고 보니 정말 특별하다는 걸 깨달았어요.

아직도 생생히 기억나는 일이 있습니다. 제가 초등학교 5학년 때 처음으로 부모님이 자동차를 장만하셨습니다. 소형 중고차였는데, 지금 생각해 보면 아마 사기를 당하셨던 게 아닌가 싶어요. 그 차는 요즘 차처럼 핸들이 부드럽지도 않고, 수동 기어에다가 사고도 한 번 났던 차였습니다. 그런 사실을 몰랐던 저는 첫 차가 생겨서 너무 기뻤어요. 수시로 차를 보러 나갔고, 차 안에서 밥도 먹고 숙제도 했습니다.

그런데 한참 타다 보니 뒷좌석 창문이 고장 나서 내려가질 않더라고요. 더운 날 창문도 안 열리니 짜증이 나서 "이 똥차!"라고 불평했더니, 어머니께서 깜짝 놀라시며 이렇게 더운 날 우리를 멀리까지 데려다주는 고마운 차인데, 그런 나쁜 말을 하면 큰 사고가 날 수 있으니 입조심하라고 신신 당부하셨죠. 물건에도 이럴진대 사람에게는 더더욱 부정적인 말씀을 안 하셨어요.

어머니는 늘 지니의 램프에게 말하듯 제게 이렇게 말씀하셨습니다. "성태야, 너는 반드시 훌륭한 사람이 될 거야." 하도 자주 이런 말을 들으니 "내 꼬라지를 봐. 그런 말 다 소용없어"라며 화내고 투덜대기도 했습니다. 그럼에도 어머니는 굴하지 않으셨어요.

제가 공부를 잘하지 못했던 시절, 사실상 꼴등을 한 채 성적표를 집에 가져온 적이 있습니다. 그 상황에서도 어머니는 "훌륭한 사람이 될 거야"라고 말씀하셨어요. 그 순간에도 이런 말씀을 하시는 게 정말 기가 찼지만, 그다음 말씀은 죽을 때까지 잊지 못할 것 같습니다.

"성태야, 지금은 성적이 낮지만 시간이 지나면 훌륭하게 자란 강성태가 '과거에 이런 시절도 있었구나' 하며 다른 사람에게 희망을 줄 날이 올 거야."

물론 어머니의 말씀처럼 제가 훌륭한 사람이 된 건 절대 아닙니다. 꿈을 다 이룬 것도 아니고, 부족함도 많아요. 하지만 많은 학생들에게 희망을 줄 수 있게 되었습니다. 대학 시절 교육 봉사로 '공신'을 시작했을 때부터 정말 많은 학생들에게 동기부여를 해줄 수 있었으니까요. 이 부분만큼은 어머니의 말씀이 이루어진 것 같아요.

"성태야, 너는 반드시 훌륭한 사람이 될 거야." 저는 이 말을 천 번, 아니 만 번은 들었을 겁니다. 이런 이야기를 계속 듣고 자란 사람은 어떻게 될까요? 아니, 오히려 반대로 한 번 생각해 봅시다. "넌 이미 망했어", "넌 절대 안 돼", "왜 사냐?"라는 부정적인 이야기를 만 번 듣고 자란 사람은 어떻게 될까요? 결코 잘될 수 없을 겁니다. 정신병을 앓거나 극단적인 선택을 할 수도 있겠죠.

하버드대학의 마틴 타이거 교수는 언어폭력이 뇌에 미치는 영향을 연구했습니다. 그 결과 언어폭력은 우울증, 불안, 성격장애뿐만 아니라 뇌의 언어 처리와 감정 조절에 관련된 연결을 파괴한다고 밝혀냈죠. 추가 연구에 따르면 언어폭력에 노출된 뇌는 성폭행을 당한 사람의 뇌와 유사한 양상을 보였다고 합니다.

"너는 반드시 훌륭한 사람이 될 거야"라는 말을 자주 들으면 정말로 자신이 큰일을 할 사람이라고 믿게 됩니다. 사람은 계속 들으면 결국 믿게 되거든요. 저 역시 어릴 적부터 내가 아무리 부족해도, 좌절하고 포기하고 싶어도, 심지어 실제로 몇 번 포기하기로 마음먹었을 때에도 언젠가 큰 인물이 될 거란 막연한 믿음을 늘 가슴에 품고 있었습니다.

너에게 꼭 전해주고 싶은 단단한 확신

○

이러한 믿음은 제 공부에도 큰 영향을 미쳤습니다. '주변 친구들도 열심히 공부했는데, 왜 내가 더 결과가 좋았을까?' 저는 한 가지 정말 결정적이고 중요한 이유가 있었다고 생각합니다. 바로 '확신'이었습니다.

'할 수 있다'는 믿음, 이건 정말 모든 순간에 필요합니다. 특히 중요한 시험이 다가올수록 더 필요하죠. 시험을 앞두면 "잘 안 되면 어떡하지?", "나만 망할 것 같은데" 하는 불안이 스멀스멀 올라오잖아요. 그러다 문제 하나만 틀려도 "아, 전부 망했어. 난 안 될 것 같아" 하며 좌절하고요. 수능을 준비하는 많은 학생이 그런 불안감에 미리부터 겁을 먹고 수능을 치기도 전에 재수를 고민하기도 합니다.

저는 조금 달랐던 것 같아요. 시험을 코앞에 두고 문제를 풀다가 많이 틀리면 '이번 시험은 망했군'이라는 생각이 들기 마련인데, 저는 기분이 괜찮았습니다. 몇 문제를 틀리든 상관없었어요. 막연히 '할 수 있다'는 믿음과 확신이 있었기 때문입니다.

'이제라도 내가 몰랐다는 걸 알았으니 얼마나 다행이야. 만약 이 문제를 시험장에서 처음 봤다면 틀림없이 못 풀었을 텐데. 지금 틀린 덕분에 공부할 수 있고, 정답을 맞출 수 있는 기회를 얻은 거야.' 이런 믿음을 가지고, 실제 시험장에서 그 문제를 풀어내는 장면까지 머릿속에서 상상해 봤습니다.

많은 친구들이 틀린 문제 앞에서 좌절합니다. 안 될 것 같다는 생각에 책상을 박차고 나가 PC방에 가기도 해요. 그건 공부머리의 문제가 아닙니다. '할 수 있다'는 믿음이 부족한 탓이에요.

그래서 저는 여러분에게 항상 똑같은 말을 반복합니다. '공신닷컴' 수강생들은 익숙하실 거예요. 강의를 끝낼 때마다 "여러분은 할 수 있습니다. 여러분은 세상에서 가장 소중한 존재라는 걸 잊지 마세요. 그리고 여러분은 혼자가 아닙니다"라는 말을 꼭 전합니다. 강의에서만 하는 게 아니에요. 얼마나 집요하게 이 말을 하냐면, 심지어 제 유튜브 채널에 있는 '집중할 때 듣는 ASMR' 영상들마다 화면을 꽉 채워가며 저 메시지를 띄워놓기도 합니다.

대학생 시절 소외 계층 학생들을 직접 멘토링할 때도 이 말을 끊임없이 했습니다. 처음엔 반응이 싸늘했어요. '내가 할 수 있다고? 지금 내 현실은 시궁창인데? 성태 형, 제정신인가?' 이런 표정과 반응들이 대부분이었어요.

하지만 한 번도 빼놓지 않고 이 말을 계속하면, 점점 그 친구들이 변합니다. 처음엔 들은 척도 안 하고 비웃죠. 그런데 수십 수백 번 말하잖아요? 그 누구도 자기에게 그런 말을 해준 적이 없는데 제가 계속 말해주니까 고마워하고, 그 기대에 부응하고 싶은 마음도 생기고, 무의식적으로라도 할 수 있다는 생각이 싹트기 시작해요. 예전엔 조금만 어려워도 포기했던 문제들을 이제는 아주 조금이라도 더 도전해 보려고도 합니다. 그러다 진짜로 문제를 풀면 성취감을 느끼고, 그걸 원동력 삼아 더 큰 도전을 하기도 하죠.

저희 어머니는 심리학도 모르고 교육학도 모르셨지만, 공부에 있어서만큼은 저와 제 동생에게 큰 도움을 주셨습니다. 그 어떤 순간에도 '할 수 있다'는 마음을 심어주셨어요. 엄청난 공부법은 아니지만, 사실은 모든 걸 가능하게 한 비결이었습니다.

여러분도 반드시 잘될 겁니다. 멋지게 성장할 거예요. 그렇게 믿으세요. 믿음을 강화하려면 소리 내어 말해보는 게 좋습니다. 지금 독서를 잠시 멈추고 자신에게 소리 내어 말해보세요.

"나는 할 수 있다."
"나는 세상에서 가장 소중한 존재다."
"그리고 나는 혼자가 아니다."

어린 시절에는 어머니의 무한한 믿음에 짜증도 났지만, 이제는 저도 믿습니다. 반드시 사람은 말한 대로 되고 기대한 만큼 성장한다는 것을요. 어제도 말했고, 오늘도 말했지만 이 책에 또 말할 기회가 생겼으니 다시 한번 말해주고 싶어요.

"여러분은 할 수 있습니다. 절대 쫄지 마세요. 이해가 안 되면 될 때까지 질문하면 돼요. 이해가 된 후에는 써먹을 정도로 복습하면, 지금 공부하는 내용 중 정복하지 못할 건 하나도 없습니다.

여러분은 이 세상에서 가장 소중한 존재라는 걸 절대 잊으면 안 돼요. 그 어떤 순간에도요. 여러분이 세상에 없다면, 여러분이 인지하는 이 세상도 없는 거예요. 세상보다 더 소중한 게 여러분이고, 여러분의 미래입니다.

여러분은 혼자가 아닙니다. 최소한 공신만큼은, 이 강성태만큼은 항상 여러분의 편이라는 걸 기억해 주세요."

성공이란 실패를 거듭할 수 있는 능력이다

○

그렇다면 "틀렸다", "망했다" 대신 어떤 말을 할 수 있을까요? 저는 학생들에게 "A 부분이 부족한 것을 발견했어요" 혹은 "B 부분을 보완해야 해요"라고 말하게 합니다. 같은 상황인데도 표현을 달리하게 하는 이유는 생각을 바꾸기 위해서입니다.

실제로 학생들에게 긍정의 언어를 쓰게 하면 큰 변화가 찾아옵니다. A 부분이 부족한 걸 발견했다는 건 '무엇을 공부해야 하는지' 알았다는 뜻입니다. 말 자체에 그 부족한 부분을 보완하겠다는 의지가 담겨 있어요. 그래서 실제로 그렇게 행동하게 되고, 덕분에 성적도 오릅니다.

더 많이 틀릴수록 더 많이 맞출 수 있게 됩니다. 여러분이 포기하지만 않는다면요. 이런 면으로 본다면 공부는 사실 IQ의 문제가 아닙니다. 공부는 머리로 하는 게 아니라 마음으로 하는 거예요. 어떤 마음을 가지고 하느냐에 따라 결과가 크게 달라지니까요.

존중하는 마음이 없으면
아무것도 배울 수 없습니다

"공부일기만 쓰면 수강료를 전부 돌려주나요? 저는 전혀 몰랐는데, 혹시 저희 아이도 수강료를 돌려받았나요?"

'공신닷컴'에는 꽤 자주 학부모님들의 문의 전화가 걸려옵니다. 학생이 수강료를 돌려받을 수 있다는 것을 숨기고 돈을 자기 통장에 돌려받은 뒤 입을 싸악 닦아버린 경우였죠. 간혹 직장인 중에 교육 지원금으로 결제하고 개인 통장으로 수강료를 돌려받는 분들이 계셨는데, 학생들도 비슷한 수법을 쓰더라고요.

저도 이런 적이 있었냐고요? 사실 제가 한 짓에 비하면 이 정도는 완전 애교입니다. 이 학생들은 어쨌든 66일간 매일 공부한 뒤에 돌려받았으니 공부 습관을 만든다는 목적만큼은 달성한 거잖아요. 사실 잘한 거예요. 전화를 주신 부모님들께는 칭찬해 줘야 한다고 말씀드립니다.

저는 꽤 오랫동안 받은 사교육이 하나 있어요. 초등학교 시절 내내 다녔는데요. 다름 아닌 '서당'이었습니다. 가끔 제가 서당 이야기를 하면 '성태 형, 조선시대 사람이에요?' 하고 묻곤 하는데, 다행히 한복 입고 회초리 맞는 그런 서당은 아니었어요. 그냥 동네 할아버지 한 분이 방에다 아이들을 모아놓고 가르치셨습니다.

물론 제 발로 찾아간 건 아니었습니다. 아버지께서 무조건 다녀야 한다고 강압적으로 보내셨어요. 거기서 저는 『사자소학』, 『천자문』, 『계몽편』, 『명심보감』, 『소학』까지 공부했습니다. 이게 수년이 걸리는 엄청난 양인데요. 그 덕분에 제가 한자를 엄청 많이 알게 되었을까요? 아니요, 정말 지겨워서 미치는 줄 알았습니다. 과장이 아니라 돌아버리는 줄 알았어요. 그러니 한자도 어렴풋이 알 뿐 지금까지도 제대로 기억나는 게 거의 없습니다.

안 그래도 산만한 성격인데 이런 따분한 내용을, 그것도 한자로 된 책을 좋아할 리가 없었겠죠. 서당에 가면 그냥 시간만 때웠습니다. 서당에 들어가고 나갈 때 선생님께 엎드려서 절을 해야 했는데, 지금은 절한 기억밖에 남아 있지 않아요.

하도 지겨웠던 탓에 제가 무슨 짓까지 했냐면요. 부모님 몰래 서당 할아버지께 몇 달 사정이 생겨서 못 나간다고 말씀드리고 땡땡이를 쳤습니다. 부모님께 받은 교습비로 BB탄 총을 샀죠. (사실 이거 저희 부모님은 아직도 모르세요. 여러분만 알고 계셔야 합니다.) 집에서 나갈 땐 서당 가는 척하고 나가서 동네를 돌아다녔어요.

그러다 어느 날 놀이터에 갔는데 마침 동생이 친구들과 놀고 있는 걸 봤어요. 화가 치밀어 오르더라고요. 분명 서당에 있어야 할 동생이 놀이터에 있다니, 지금 뭐하는 거냐고 동생을 아주 호되게 야단쳤죠. 정말 뻔뻔하지 않나요? 자기는 땡땡이 치고 교습비까지 삥땅해 노는 주제에, 학원 지각하는 동생을 혼내다니요. 이런 전적이 있기에 '공신닷컴' 수강료를 돌려받은 학생들을 나무랄 수 없죠. 칭찬받아야 마땅합니다.

이렇게 지겨워하고 땡땡이까지 쳤던 시절이었지만, 사실 저는 서당에서 공부에 너무나도 필요한 걸 체득했습니다. 뭐였을까요? 아주 딱 들어맞는 표현은 아닐 수 있겠지만요, 그 시절 저는 '인성'을 배우고 얻었습니다.

성태는 그냥 엎드려 자라

○

사실 '인성'이라고 하면 너무 거창하고요, '예의'라고 표현해도 무방할 것 같아요. 그 시절 저는 서당에서 몇 년간 인성에 관한 공부를 했습니다. 『사자소학』은 조선시대 유치원생들이 『천자문』보다 더 먼저 배우는 책인데요. 제가 공부할 때는 몰랐지만 지금 와 다시 보니, 정말 거기 적힌 대로만 살아도 인생을 잘 살 수 있고 성공할 수 있다고 확신합니다.

책 속에 지식은 별로 없어요. 수학이나 영어, 과학기술 같은 내용이 있는 것도 아니고요. 죄다 인성과 예의에 관한 내용입니다. 다른 친구들이 수학 공식 외우고 영어 단어 외울 때 저는 '겸손하고, 우애가 있어야 하고, 정직해야 하고, 책임감 있어야 한다'는 내용을 몇 년간 지겹도록 외우고 쓰고 공부했습니다. 사실상 세뇌교육 당했어요. 어디 『사자소학』뿐만인가요? 그 시절 서당에서 봤던 거의 모든 책은 전부 효도나 충성, 정의와 덕 같은 내용으로 이루어져 있었습니다.

그렇다면 인성이나 예의가 공부에 과연 도움이 될까요? 저는 서당에서의 시간이 없었다면 지금의 저는 없었을 거라 확신합니다. 일단 들어가면서 선생님께 큰절을 올려야 합니다. 나갈 때도 마찬가지고요. 그런 인사 습관과 선생님을 대하는 태도가 학교에서까지 이어진 거예요. 그래서 선생님은 제게 신 같은 존재였습니다. 심지어 책조차 함부로 대해선 안 됐어요. 그 또한 스승이니까요. 서당에서는 혹 장난으로라도 책을 던지면 정말 큰일 납니다. 수천 년간 쌓아온 성인들의 소중한 지식과 가르침을 던진다? 당시 저는 상상조차 할 수 없는 일이었죠. 그렇게 몇 년을 살았습니다. 그 덕분에 저는 지금도 책을 함부로 대하지 못합니다. 오죽하면 다른 사람이 쓰던 책은 메모를 하거나 접기도 편하니 중고 책을 사기도 해요.

물건에도 이럴진대 살아 계신 선생님께서 말씀하시는 수업 시간은 어땠을까요? 수업 시간에 잔다는 건 상상할 수 없는 일이었습니다. 물론 꽤 많이 졸았지만, 눈은 뜨고 졸았습니다. 수업 시간에 졸다가 헤드뱅잉을 할 때도 있었고, 모이 쪼는 비둘기처럼 셀 수 없이 고개를 꾸벅거리며 졸았어도 최소한 대놓고 엎드려 잔 적은 없었습니다.

성적이 잘 나오든 안 나오든, 이해가 되든 안 되든, 저의 주특기인 잡념과 공상을 하루에도 몇 시간씩 할지언정 일단 눈은 뜨고 있었습니다. 출석도 마찬가지였어요. 아무리 아파도 어떻게든 학교에 갔습니다. 기어서 돌아올지언정 결석은 하지 않았죠.

이게 어느 정도였냐면, 보통 졸면 선생님께 혼나야 하잖아요. 제가 수십 분 동안 졸지 않으려고 눈알을 희번덕거리면서 뺨을 때리고 고개를 흔들고 생쇼를 하니까 선생님께서 불쌍해 보이셨는지 "성태는 그냥 엎드려 자라"라고 말씀하시더라고요. 주변 친구들이 다 웃을 정도였어요. 슥 다가오셔서 저를 깨워주시려고 안마해 주신 선생님도 계셨습니다. (지금 막 생각났는데, 교실 오른쪽 끝줄에 앉았을 때는 잠을 깨려고 벽에다 머리를 쿵쿵 빻았던 적도 있었네요..)

저는 중학교 3학년 올라갈 때, 그리고 고등학교 3학년 때 성적을 드라마틱하게 올린 케이스입니다. 어릴 적 말도 늦게 깨우쳤는데 성적도 뒤늦게 올렸어요. 그래서 많은 분들이 '특별한 공부법' 덕분에 성적이 완전히 달라졌다고 생각하고, 그것에만 관심을 가지려 합니다.

하지만 절대 그렇지 않습니다. 수업에 임하는 기본자세는 공부를 못했을 때도 잡혀 있었습니다. 그런 상태에서 제게 맞는 공부법을 찾았고, 공부법을 알게 되니 이대로만 하면 성적이 오른다는 확신을 가질 수 있었던 거예요. 만약 수업에 참여하고 선생님을 대하는 자세가 불량했다면, 엄청난 공부법도 효과를 발휘하지 못했을 거예요.

당장 성과가 없더라도 수업 시간에 선생님 말씀 잘 듣는 습관이 '역전'의 밑바탕이 되었다는 건 확실합니다.

혼자 남아 교실을 청소하던 학생

○

중학교 3학년 첫 시험에서 기적이 일어났습니다. 제가 반에서 2등을 한 거예요! 그 지역에서 성적이 가장 낮은 공립학교이긴 했지만, 그래도 그 당시 제게는 정말 경이로운 결과였습니다. 18시간 공부를 하며 얻은 자신감 덕분이었던 것 같아요.

그리고 비로소 이때부터 키가 자라기 시작했습니다. 최소한 저를 함부로 괴롭히는 친구들은 없어졌어요. 여러모로 자신감을 얻던 시기였습니다. 단연코 중학교 3학년이 제 학창 시절을 통틀어 가장 황금기였습니다. 첫 시험을 2등으로 마친 이래 한 번도 1등을 해본 적은 없었지만, 그땐 정말 학교 다닐 맛이 났습니다.

선생님들이 저를 정말 좋게 봐주셨거든요. 단순히 성적이 확 올라서였을까요? 아니요, 인사 잘하고 수업 시간에 안 졸고 선생님 말씀하실 때 쳐다본 게 그 이유였습니다. 특별한 게 아니죠. 요즘은 학생들이 선생님을 존경하지 않는다는 기사를 종종 보곤 하는데요. 사실 제가 지킨 태도는 전혀 특별한 게 아닙니다. 기본이에요. 이것만 잘 지켜도 선생님들이 여러분을 좋아하게 될 거라고 확신합니다.

당시에는 교실 청소를 분단마다 돌아가면서 했습니다. 청소 분단은 학교가 끝나도 남아야 했으니 보통 다른 아이들은 청소 시간에 놀러 나가거나 사라지곤 했습니다.

하지만 저는 도망가지 않고 묵묵히 청소를 했어요. 제 방 청소는 안 해도 교실 청소 같은 건 열심히 했거든요. 친구들이 모두 사라져서 어쩔 땐 저 혼자 땀을 뻘뻘 흘리면서 할 때도 있었습니다.

그러던 어느 날 청소를 하고 있는데 저 말고 다른 사람이 빗자루질을 하고 있는 거예요. 담임선생님이셨습니다. 그 이후로도 몇 번 저는 선생님과 둘이 남아 교실을 청소했습니다.

그 즈음 어머니가 담임선생님과 상담을 하러 학교에 오셨는데요. 집에 돌아오셔서는 "선생님께 죄송했다"라고 말씀하시는 거예요. '내가 뭘 잘못했나?' 하고 생각했는데, 그게 아니라 선생님이 제 칭찬을 너무 많이 해주셔서 오히려 죄송할 정도였다고 하시더라고요. "어머니, 성태는 눈에 넣어도 아프지 않으실 것 같아요." 그때 담임선생님께서 해주신 말씀이 아직도 생생히 기억납니다. 반장도 아니고, 1등도 아닌데 이런 말씀을 해주시니 저는 너무 감사해서 더 열심히 학교생활을 할 수밖에 없었어요. 수업 시간에 잘 깨어 있고, 청소 시간에 도망가지 않고, 인사 잘한 것에 대한 칭찬이었다고 확신합니다.

이쯤에서 분명히 말씀드려야 할 게 있는데요. 아마 여기까지만 보면 '강성태가 자기 자랑한다'고 생각하실지도 몰라요. 그런데 여러분, 잘 생각해 보세요. '수업 시간에 잘 깨어 있고, 청소 시간에 도망가지 않고, 인사 잘한 것', 이게 대단한 일인가요? 아니요, 그냥 학생으로서의 기본을 한 겁니다. 이런 걸로는 어디 가서 자랑도 못해요.

여러분, 인성은 분명 공부의 중요한 부분이며, 공부뿐만 아니라 인생에도 정말 지대한 영향을 끼칩니다. 어떤 분들은 예의나 인성까지 챙기면서 성적은 언제 올리느냐고 반문하시기도 합니다. 이 자리에서 제가 분명히 말씀드릴게요. 인성이 곧 성적이고, 최고의 경쟁력입니다. 뻔한 훈장님 말씀이 아니에요. 최근 교육 심리학에서도 사실로 밝혀졌으니까요.

IQ보다 2배 이상 더 중요한 것

○

인성의 기본 요소는 '자기 통제력'입니다. 책임감, 성실성, 배려, 존중 같은 것들이 모두 자기 통제로부터 이루어지는 것이기 때문입니다. 자기 통제력이 부족하면 약속을 헌신짝처럼 여기고, 내키는 대로 욕을 내뱉고, 심지어 남을 해치기까지 합니다. 인성은 곧 자기 통제력과 같은 의미라 할 수 있습니다.

성적에 IQ가 더 중요할까요, 아니면 자기 통제력이 더 중요할까요? 이 질문에 답을 얻기 위해 학생들의 자기 통제력을 평가해 보았습니다. 그뿐 아니라 부모님이나 선생님 등 주변의 평가까지 반영했죠. 그리고 이 모든 데이터를 바탕으로 학기 말 평균 평점, 표준화 시험 점수, 출석률, 경쟁력 있는 고등학교 입학 가능성까지, 자기 통제력과 IQ가 학업 성취에 미치는 영향을 분석했습니다.

결과는 어땠을까요? 자기 통제력과 학기 말 성적의 상관 계수는 무려 0.67이었습니다. 감이 안 오신다고요? 0.67이 라는 건 '치킨을 두 마리 먹으면 배부르다' 정도의 상관관계 입니다. 즉, 자기 통제력이 강할수록 성적이 높다는 뜻입니 다. 반면 IQ와 성적의 상관계수는 0.32였습니다. '인성의 기 본 요소'인 자기 통제력이 IQ보다 두 배 이상 성적과 관련이 있다는 거예요. 그리고 이는 미국 심리학회 회장이자, 심리 학 교과서에도 반드시 나오는 '학습된 무기력'이란 개념을 창시한 마틴 셀리그만 교수의 연구였습니다.

또 하나의 연구는 학업 성취가 지능보다는 꾸준한 자기 조절과 습관의 힘과 더 밀접하게 연결되어 있다는 사실을 밝혔는데요. 시카고 로욜라대학의 조셉 덜락 교수팀은 무 려 27만 명의 학생이 참여한 213개의 인성 교육 프로그램을 분석했습니다. 여러 부분이 개선되었는데, 가장 인상적인 결과는 '학업 성취의 개선'이었습니다.

인성 교육 프로그램에 참여한 27만 명의 학생들은 그렇지 않은 학생에 비해 학업 성취도가 평균 11퍼센타일 상승했습니다. 이 말은 전체 학생을 100명으로 봤을 때 11등이 올랐다는 뜻입니다. 수능으로 치면 3등급 받던 학생이 1등급으로 올라선 거죠.

어린 시절 제가 다녔던 서당은 사실상 인성 교육 프로그램이 운영되던 곳이었습니다. 안타까운 건 요즘 학생들이나 학부모들은 인성을 더는 중요하게 생각하지 않는다는 거예요. 진도 나가기 바쁘다는 건 그렇다 쳐도, 학교에서 인사시키고 수업 시간에 자는 학생을 깨우는 게 학생의 자율권과 인권을 탄압하는 거라고 생각하시는 분들도 계시더라고요. 하지만 무엇이 더 여러분의 미래에 도움이 될지는 꼭 한번 생각해 보시면 좋겠습니다.

무서운 예측을 하나 해볼까요? 저는 최근 공부법이나 영어 강의 이상으로 '인공지능' 이야기를 많이 하고 있습니다. 인터넷에서 제가 말한 미래가 충격적이었는지, 각종 커뮤니티에 회자되고 기사가 나기도 했죠.

지구상의 비생명체의 지능이 생명체의 지능을 능가하는 시점을 '특이점'이라고 부르는데요. 과거에는 '특이점이 과연 오는가?'를 놓고 논쟁했는데 이제 그 논쟁은 끝났습니다. 오는 건 기정사실이고, 언제 오는지로 의견이 갈리고 있죠.

요즘은 초등학생도 인공지능이 인간의 일을 대체한다는 사실을 잘 알고 있어요. 사람이 하는 일을 인공지능이 해낼 수 있을 때, 사람과 인공지능의 실력이 비슷해지는 순간이 올 겁니다. 어차피 일은 인공지능이 하니 사람들이 낸 결과의 차이가 먼 미래에는 많이 사라질 수도 있어요. 이때 여러분은 과연 누구와 일하고 싶나요? 저는 '인성 좋은 사람'과 일하고 싶습니다. 약속도 잘 지키고, 인사도 잘하고, 제 이야기에 귀 기울여주는 사람과 함께하고 싶어요.

이것이 제가 고리타분하지만 계속 인성을 강조하는 이유입니다. 단언컨대 과거에도 그랬지만 다가올 미래에도 인성이 가장 중요합니다.

요즘과 같이 인성의 중요성이 축소된 시대에 여러분이 기본 덕목들을 소중히 여긴다면 꿈을 이루는 건 물론이고, 그 과정에서 행복과 즐거움까지도 느낄 수 있을 거예요. 무

엇보다도, 인성은 공부를 잘하기 위한 최고의 비결 중 하나
입니다.

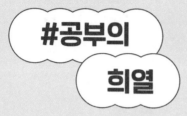

PART4

#공부의
　　희열

결국 공부는 네 미래를
빛나게 해줄 테니까

우리가 경험할 수 있는
가장 큰 기적

할머니는 부산 중구 보수동에서 태어나셨습니다. 10살 때부터 부모님께 학교에 보내달라고 떼를 썼지만, 집안 형편이 어려워서 그럴 수 없었어요. 학교에 다니는 오빠가 부러워서 매일 오빠가 다니는 학교 담장 밖에서 눈물로 하루를 보냈습니다. "학교만 보내주면 뭐든 할 수 있을 것 같았어"라고 하시던 그 말씀이 지금도 귓가에 생생합니다.

그러다 15살에 양녀로 삼아주고 학교까지 보내주겠다는 말에 속아 일본인 부부의 집으로 들어갔지만, 그곳에서 돌아온 건 잔인한 식모살이와 구박뿐이었습니다. 부부는 주점을 운영했는데 15살이던 할머니에게 접대부 일을 시키려고 했죠. 하지만 할머니는 그저 당할 수 없었습니다. "마구 저항했어. 절대 못한다고 발을 동동 구르고 벽을 쳤지." 결국 그 부부는 할머니를 울산의 기생집에 팔아넘겼습니다. 기생집에서도 여전히 강제로 접대를 강요받았고 고된 식모살이도 이어졌죠.

그러던 어느 날 심부름을 마치고 돌아오던 길에 낯선 남자 두 명이 할머니의 앞을 막아섰습니다. 다짜고짜 한쪽 팔씩 잡더니 마구 끌고 갔습니다. 그렇게 끌려 간 곳은 충격적이게도 이역만리 중국이었어요.

그곳에서 강제 노동이 시작됐습니다. 비행장 활주로를 닦는 일이었는데, 조금이라도 손이 느려지면 주먹이 날아왔습니다. 얼굴은 피범벅이 되곤 했고, 끼니는 찐빵 하나로 버텨야 했습니다. '이러다가 엄마 아빠도 못 보고 죽겠구나' 하는 생각에 할머니는 동료들과 함께 도망칠 계획을 세웠습니다. 하지만 힘없는 어린 소녀들이 멀리 타국에서 도망칠 방법은 없었습니다. 시도는 결국 실패했죠.

어느 날 할머니를 비롯한 소녀들이 너무 배고프고 추워서 일을 못 하겠다고 항의하자, 일본 군인들이 찾아와 "일을 안 하니까 보내줄게"라고 말했습니다. 이게 꿈인가요, 생시인가요. 그 말에 소녀들은 정말 집으로 가는 줄 알고 춤을 추고 방방 뛰며 기뻐했답니다.

하지만 소녀들이 도착한 곳은 집이 아니었어요. 다름 아닌 위안소였습니다. 소녀들에게 일본식 기모노부터 입혔죠. "너희가 이 옷을 살 돈이 없기 때문에 우리 돈으로 산 거야. 돈을 많이 벌어야 고향으로 갈 수 있어." 하지만 할머니는 그곳에서 돈을 벌기는커녕 차마 입에 담기조차 어려운 지옥을 경험해야 했습니다.

얼마나 많이 맞았던 걸까요. 할머니는 그곳에서 눈도 멀고 귀도 먹고 이도 빠졌습니다. 어떤 날은 순순히 말을 듣지 않는다는 이유로 무자비하게 맞았는데요. 너무 맞아 쓰러진 할머니의 가슴 위로 날카로운 칼이 내리쳐졌어요. 하지만 그 순간 본능적으로 오른팔을 내밀어 막았습니다. "그때 안 그랬으면 죽었을 거야." 아직도 할머니의 팔에는 그 흉터가 선명히 남아 있습니다.

"일본군 위안부로 3년 살았어. 일본군이 위안부 소녀들에게 총질하고 칼질하고 매질하는 꼴만 봤어요. 일본군이 많은 소녀를 죽였고, 거기에는 11살에 온 아이들도 있었지. 어린 나이에 이런 꼴을 보고 어찌 살겠어. 그래서 같이 끌려 간 소녀들이 높은 산에 올라가 굴러 떨어져 죽고, 목을 매 죽고, 물에 빠져 죽었어. 스스로 목숨을 끊었던 거야. 그러 지 않으면 매일 총질하고 칼질하고 매질하는데 어떻게 살 수 있겠어."

할머니는 그곳에서 자궁 적출 수술을 받아 평생 아이를 가지지 못하는 몸이 되었습니다. 해방이 된 후에야 비로소 위안부에서 나올 수 있었죠. 하지만 소녀들은 한동안 해방 이 된 줄도 몰랐습니다. 위안소 사람들이 말도 안 하고 그대 로 도망쳤거든요. 위안소를 나온 할머니는 한동안 거지 생 활을 해야 했습니다. 게다가 할머니는 고향으로 돌아갈 수 도 없었습니다. 만신창이가 된 몸으로 고향에 가봐야 무얼 하겠냐는 생각이 할머니의 마음을 가로막았죠.

"해방 이후에도 내가 고향에 안 간다고 했어. 마음이 그 렇게 안 되는 거야. 고향에 부모 형제가 다 있고, 중국에는 아는 사람이 하나도 없는데 왜 안 가고 싶겠어. 이마에 '위안부' 간판 써 붙이고 부모 형제 어떻게 보겠는가 싶어 못 갔어. 위안부 갔다 왔다고 하면 한국인이든 중국인이든 사람 취급 안 해. 내가 집에 가면 엄마랑 오빠 언니들이 피해를 받고 잘못될까 봐 무서워서 못 갔어."

결국 할머니는 2006년 한 시민단체의 제안으로 무려 65년 만에 고국으로 돌아오셨지만, 그때는 이미 가족 모두가 세상을 떠난 후였습니다. 국내에서는 이미 할머니의 사망 신고가 되어 있어서, 1년 넘게 국적 회복과 피해자 등록을 해야 했죠. 이 이야기는 위안부 생존자 이옥선 할머니의 인생입니다.

아흔에 영어 공부하는 할머니

○

"할머니, 연세가 아흔이신데 영어 공부를 하세요?"

"아이들이 보는 영어 그림책인데, 이거라도 보면 될까 싶어서 하나 가져왔지. 볼 때뿐이지 덮으면 다 까먹어. 아무리 배우고자 해도 안 되는 걸."

"너무 열심히 하시는 거 아니에요?"

"아무리 잠도 안 자고 열심히 해도 따라갈 수가 없어."

"할머니, 다시 어렸을 때로 돌아가시면 공부 무척 열심히 하셨겠어요."

"아주 열심히 해서 편지라도 내 손으로 썼으면 좋았을 텐데 싶어. 선물을 많이 받아서 편지로라도 답해야 하는데 그게 안 되니까, 어떻게라도 배워서 편지 쓸 수 있으면 좋겠어. 그런데 그게 잘 안 돼."

"왜 그렇게 공부가 하고 싶으셨어요?"

"그 마을 아이들이 다 학교에 갔는데 나 하나만 못 가서 친구도 없었어요. 형편이 어려워서 학교를 못 갔어. 우리 엄마가 그걸 보고 가슴이 아팠겠지. 그래서 남의집살이를 갔는데, 울산에서 중국으로 끌려가서 아무도 내가 사라진지 몰랐던 거야. 우리 어머니가 나 없어졌다는 소릴 듣고 '우리 옥선이 누가 죽였나보다' 하고 사망신고를 했어요."

"제가 보기에 학교 다니셨으면 1등 하셨을 것 같아요."

"1등은 모르겠지만 안 배운 것보단 나았을 거야. 나 같은 할머니들이 글 쓰고 하는 걸 보면 참 부러워. 저 할머니도 나처럼 늙었는데 나는 왜 못할까… 같은 사람인데. 그게 제일 부러워. 나는 왜 못 배웠을까. 그래서 천자문도 지금 다 보고 있어요."

"천자문을 보세요? 할머니가 진짜 공부의 신이세요."

제가 만난 이옥선 할머니의 방에는 책이 가득했습니다. 할머니는 늘 "저 책장에 꽂혀 있는 책을 내가 다 읽었다고 하면 믿겠어?"라는 말과 함께 공부에 대한 이야기를 풀어놓으셨죠.

해방 후에 한국에 오지 못한 채로 연변에 살 때 한 청년이 재미있는 책이 있다며 할머니에게 추천해 주었다고 해요. 하지만 글을 읽을 줄 몰라 책을 볼 수 없었죠. 그 청년이 야학을 소개해 주었고, 할머니는 낮엔 농사일을 하고 밤에는 야학에 나가 한글을 배웠습니다. 그렇게 글을 읽을 수 있게 되자 밤마다 책을 빌려 읽으셨대요. 너무 재미있어서요.

어느 날은 동네 사람들이 할머니에게 어느 대학을 나왔느냐고 물어본 일도 있었다고 합니다. 할머니가 너무 똑똑해서요. 그런 사람들에게 할머니는 "호미대학 농업학과 나왔습니다"라고 대답했다고 해요.

귀국 후 할머니는 70여 년 만에 고향 마을에 방문하셨습니다. 너무 오랜 세월이 흐르고 너무 큰 고통 때문에 옛 기억은 모두 잊혔지만, 오빠가 다니던 학교와 학교 가는 길에서 공부할 수 없어 울었던 그 모습만큼은 또렷하게 기억하셨습니다.

저는 할머니의 사인을 간직하고 있어요. 제가 부탁드렸거든요. 할머니가 배운 글로 쓴 할머니의 이름을 보고 싶었고, 또한 이것을 평생 간직하면서 학생들에게 최선을 다하겠다고 다짐하고 싶었거든요. 그런데 그 사인은 한쪽 귀퉁이에 왜소하게 쓰여 말할 수 없이 초라했습니다. 평생을 배우고 싶어도 배우지 못한, 일본군의 끔찍한 만행에 갈가리 찢긴, 조국에서는 60년간 사망자로 잊힌 할머니의 존재를 말하고 있는 것 같아 가슴이 너무 아팠습니다.

우린 기적이 무엇인지 잘 모릅니다

○

사람들은 각자의 고민과 걱정을 안고 살아갑니다. 특히 수험생들은 인생에서 지금이 가장 어렵고 힘든 시기일 거예요. 하지만 한 번쯤은 우리가 바라보는 좁은 시야에서 벗어나 지구 전체를 돌아볼 필요도 있습니다. 멀리 볼 때 새롭게 보이는 것들이 있거든요.

지구 전체를 놓고 보면 너무 크죠. 그래서 미국의 고등학교 교사였던 데이빗 J. 스미스는 실제 통계를 기반으로, 우리가 이해하기 쉽게 세상을 100명의 마을로 축소해 보았습니다. 과연 여러분은 이 100명 중 어디에 속할까요?

일단 100명 중 25명은 당장 먹을 음식도 없고 비바람을 피할 집도 없이 살아갑니다. 오늘도 배고픔과 추위를 견디고 있어요. 아프리카 말라위 급식 후원 캠페인에 따르면, 우리의 한 끼 밥값인 1만 원은 말라위 아이들 60명이 두 끼를 먹을 수 있는 돈입니다. 한 끼에 약 83원이지만 그마저도 없어서 굶습니다. 영양실조로 인해 각종 질병에 시달리고, 여러분이 책을 읽는 지금 이 순간에도 죽어가고 있어요.

또한 이 마을의 17명은 안전한 물조차 마실 수 없습니다. 케냐에 사는 5살 어린이 체루는 물을 가지러 6살 언니와 함께 6킬로미터 이상을 걷습니다. 그렇게 발이 닳도록 걸어서 흙탕물을 받아 돌아갑니다. 그마저도 말라버리면 그곳 사람들은 악어가 우글대는 댐으로 가야만 합니다. 물을 구하러 갔다가 영영 못 돌아오기도 하죠. 목숨을 걸고 구해 온 물조차 탁하고 오염되어 있습니다. 깨끗한 물 한모금은 17명에게 큰 사치입니다.

만약 여러분의 지갑에 돈이 있고, 은행에 예금한 돈이 있다면 여러분은 100명이 사는 마을에서 가장 부유한 8명 안에 속합니다. 전 세계에서 여러분은 상위 8퍼센트의 부를 가진 사람이에요. 만약 자동차까지 있다면 상위 7퍼센트 안에 들고요.

공부로 넘어가 볼까요? 이 책을 보는 여러분은 대학 교육을 받고자 공부하는 사람일 거예요. 원하면 사이버 대학을 통해서 학위를 딸 수도 있죠. 100명이 사는 마을에서 대학 교육을 받은 사람은 단 1명입니다. 컴퓨터도 갖고 있다고요? 그것도 역시 100명 중 2명뿐입니다.

여전히 수많은 아이들이 공부할 기회를 갖지 못합니다. 케냐의 어느 마을에는 전등 없는 집이 대부분입니다. 밤이 되면 공부하고 싶어도 공부할 수 없어요. 그래서 아이들은 매일 5킬로미터를 걸어서 공항으로 갑니다. 왜냐고요? 책을 보려면 빛이 필요한데, 공짜로 쓸 수 있는 불빛은 공항 근처밖에 없거든요. 공항에서 새어 나오는 희미한 불빛에 의지해 책을 읽고 공부합니다. 그렇게 바닥에 앉아 글씨를 읽고 문제를 푸는 모습은 간절함 그 자체입니다. 한두 명이 아니에요. 그렇게 공부하러 온 아이들로 공터가 북적일 정도입니다.

이렇게 열심히 공부한다고 해도 사실 구할 수 있는 직업이 거의 없습니다. 산업 기반이 없기 때문입니다. 그럼에도 아이들은 지푸라기라도 잡는 심정으로 공부합니다. 공부 말고는 희망을 걸 수 있는 게 하나도 없어서요. 우리는 어떤 가요? 방에 형광등이 없어서 공부 못 하는 사람은 없을 겁니다.

공습이나 폭격, 무장단체의 위협은 또 어떤가요. 만약 여러분이 그런 위협이 없는 곳에 산다면 100명 마을의 20명보다 더 안전한 삶을 살고 있는 거예요. 시리아나 남수단공화국에서는 언제 폭격이 시작될지 모르는 불안 속에서 아이들이 자라고 있거든요. 매일 아침 그곳의 학생들은 자명종이 아니라 전쟁의 소리로 잠에서 깨어납니다.

학생 여러분, 지금의 고민과 어려움 속에서도 한 번쯤 고개를 들어 세상을 바라보면 우리가 얼마나 축복받은 삶을 살고 있는지 알 수 있을 거예요. 우리는 100명이 사는 마을에서 상위 7~8퍼센트에 드는 사람들입니다. 이 사실을 기억하며 우리가 누리는 혜택에 감사함을 느끼고, 더 나은 세상을 만들기 위해 할 수 있는 일을 찾아야 하지 않을까요? 공부할 수 있는 것은 분명 지구상의 몇몇 사람들에게만 주어진 특권 중의 특권입니다.

공부하기 싫을 때면 이옥선 할머니를 떠올려 주세요. 할머니의 소원은 우리가 할머니의 고통을 기억하며, 다시는 이 땅에 그런 설움이 반복되지 않는 것이었습니다. 저는 가끔 이런 생각을 해요. 인류 역사를 하루로 치면 100년은 24시간 중 2.88초인데요. 만약 우리가 100여 년 전에 태어났더라면, 즉 우리가 24시간 중 2초 정도만 일찍 태어났더라면, 우리가 이옥선 할머니의 삶을 살아야 했을지도 모릅니다.

제가 군복무를 한 곳은 김포였어요. 김포면 공항도 있고 아파트도 많고 서울과도 붙어 있는데요. 저희 부대는 북한

과 걸어 다닐 정도로 가까웠습니다. 높은 곳에서 보면 북한 병사들은 물론이고, 민간인들이 농사짓는 모습까지 보일 정도였습니다. 만약 우리가 몇 킬로미터만 더 북쪽에서 태어났더라면 지금쯤 어떤 삶을 살고 있을까요? 고등학교를 졸업하자마자 군대에 가서 남자는 10년, 여자는 7년간 복무해야 합니다. 여전히 여행은커녕 이사조차 자유롭게 다니지 못하고, 식량이 없어서 굶어 죽을 수도 있어요. 인터넷은 꿈도 못 꾸고, 아이돌 영상을 봤다는 이유로 총살을 당하기도 하죠. 공부한다는 것, 그래서 꿈을 가져보기라도 하는 것은 천국에서나 가능한 일입니다.

공부하고 싶어도 공부할 수 없는 사람들이 얼마나 많을까요? 그들이 여러분이었다면, 공부하기에 풍족한 그 환경을 다 누렸더라면 어떤 자세로 공부했을까요? 너무 많이 가졌음에도 우리는 공부 때문에 스트레스 받고 짜증을 냅니다. 그들이 가졌어야 할 기회를 우리가 너무 쉽게 가졌기에, 의미 없이 써버리고 있는 건 아닐까요?

그들이 얼마나 우리의 삶을 간절히 원하는지 알게 된다면 결코 이 소중한 기회를 헛되이 보내지 않을 겁니다. 아니, 결코 그럴 수 없을 거예요. 어쩌면 우리의 가장 큰 성공은 공부를 통해 원하는 것을 이루는 것이 아니라, 공부할 수 있다는 사실 그 자체일지도 모릅니다.

꿈이야말로
스펙이자 능력입니다

많은 분들이 유튜브나 '공신닷컴'이나 책을 통해 저의 학창 시절 이야기를 알고 계실 거예요. 하루에 18시간씩 공부하며 한계를 깨고 자신감을 얻은 이야기부터, 로프로 제 몸을 의자에 묶고 공부했던 이야기까지요.

하지만 정작 대학 이후의 이야기는 할 기회가 별로 없었어요. 대부분은 입시를 어떻게 성공적으로 통과했는지, 또 그 시기에 기적처럼 성적이 쭉쭉 올랐던 이야기를 궁금해하시니까요. 이번에는 그 반대의 이야기를 해보려고 합니다. 입시가 끝난 후의 제 모습을요.

이 이야기는 지금의 저를 만든 중요한 일이기도 하지만, 동시에 제 삶에서 가장 부끄러운 고백 중 하나입니다. 그만 큰 자랑스러운 이야기가 아니지만, 분명 여러분에게 도움이 될 거라 생각해 용기를 내어보려고 합니다.

"성태야, 학사경고라는 우편물이 왔는데 이게 뭔지 아니?"

학사경고는 한 학기 동안 성적이 너무 낮으면 받는, 말 그대로 경고장입니다. 대학은 중고등학교와는 달라요. 중고등학교 때는 성적이 아무리 낮아도 다음 학년으로 올라갈 수 있지만, 대학에서는 학사경고를 여러 번 받으면 제적당할 수 있습니다. 학교에서 쫓겨나는 거예요. 저는 입학하자마자 학사경고를 받았습니다. 그게 우편으로 집에 배송될 줄은 몰랐어요.

실제로 제 1학년 1학기 학점은 2.3점이었습니다. 이 정도면 학교를 안 다녔다고 봐도 됩니다. 시험도 치지 않았고 수업도 거의 들어가지 않았어요. 그렇게 한 학기를 흘려보냈습니다.

경고장까지 받은 마당에 이제는 공부를 해야겠다고 결심했죠. 여름방학 동안 2학기 때는 정말 잘해봐야겠다고 마음먹고 도서관에 다녔습니다. 성적이 올랐을까요?

1학년 2학기 제 학점은 1.7이었습니다. 더 떨어진 거예요. 또다시 학사경고를 받았죠. 그렇게 어렵게 들어온 학교에서 쫓겨날 위기에 처했습니다.

부끄럽지만 이것이 '공부의 신'이라 불리는 사람의 학점이었습니다. 그럼에도 제가 이런 고백을 하는 이유는 도전도 꿈도 없던 사람의 결과가 얼마나 허망하고 처절했는지를 알려드리고 싶기 때문입니다.

사실, 친구 따라 대학 갔습니다

○

"일단 대학에 가라! 대학 가면 미팅도 하고, 게임도 실컷할 수 있고, 뭐든지 다 가능해. 여자 친구도 생길 거야. 살도 빠질 거고. 명문대만 가면 한마디로 네 인생 확 피는 거야. 그러니까 지금은 좀 힘들어도 참고 공부해라!"

선생님이 하시던 그 말을 믿었습니다. 합격만 하면 그날로 내 인생은 확 피고, 모든 보상을 받을 거라고 생각했어요. 대학 생활에 대해 전해 들은 이야기는 낭만 그 자체였습니다. 내 마음대로 놀 수 있다니, 마치 그 말씀을 종교처럼 믿고 만신창이가 된 몸과 마음을 이끌고 대입이라는 결승점까지 꾸역꾸역 나아갔습니다. 제게 대학은 천국 그 자체였습니다.

바보도 아니고 어떻게 그런 말을 순진하게 믿을 수 있느냐고요? 저희 집에는 대학생이 한 명도 없었고, 선생님께서 해주시는 말씀이 대학에 대한 전부였거든요.

그런 제게 대학은 더 이상 공부를 하거나 더 노력할 필요가 없는 곳이었습니다. 남은 생은 유유자적하면 되는 그런 곳이었죠. 대학생이 된 이후 펼쳐질 파라다이스, 그 외의 것은 생각해 본 적이 없었습니다. 대학 입학 후에 궁극적으로 무엇을 위해 살아야 하는지에 대해서도 들어본 적 없었죠. 한마디로 모든 고생의 끝! 입학 후에도 한참 동안 그런 어이없는 믿음에 빠져 있었습니다. 어쩌면 그 믿음에서 빠져나오기 싫었던 건지도 몰라요.

수능에서 운 좋게 고득점을 얻고 선생님과 원서를 쓰기

위해 상담을 할 때도 무엇을 해야 할지 아무 생각이 없었습니다. 요즘 같으면 별 고민 없이 의대를 갔을 법도 한데, 저는 의대는 원하지 않았어요. 아무리 멋진 의사의 모습을 상상해 봐도 피를 보면서 칼을 든 채 손을 벌벌 떠는 제 모습만 그려졌거든요. 아픈 사람들을 치료해 주고 싶다는 마음이 컸지만, 그보다는 그들의 고통이 제 마음을 너무 슬프게 만들 것 같아 자신이 없었습니다. 이과의 다른 학과들을 보니 이름도 생소하고 머리가 더 어지러워졌죠. 그래서 옆 반에 있던 친구 덕화를 찾아갔습니다.

"덕화야, 너 무슨 과 썼냐?"
"기계항공공학부 썼지."
"그 과가 좋아?"
"어, 좋지. 성태 너도 와라."
"진짜? 알았어. 기다려봐."

지금 생각해도 정말 믿기 어려운 일입니다. 여러분이 짐작하신 그대로예요. 제가 기계항공공학부를 선택한 가장 큰 이유는 친구 덕화가 그 과에 수시로 1차 합격을 했기 때문이었습니다. '친구 따라 강남 간다'는 말이 있잖아요. 제가 그 속담을 정확히 증명해 냈죠. 덕화는 전교 1등이었거든요. 단순히 공부만 잘하는 게 아니라 친구들에게 존경받을 정도로 착하고 성실한 친구였어요. 공부법을 알기 위해 친구들을 따라 했던 것처럼, 저는 대학 입학도 친구를 따라 선택했습니다.

앞서 말했듯이 저는 열등감 때문에, 무시당하지 않기 위해 미친 듯이 공부했어요. 어찌 보면 수능이 끝난 순간 제 꿈은 다 이룬 거죠. 그렇게 꿈이 사라졌고 방향도 사라졌습니다.

수능 종료 벨이 울린 그 순간부터 아무것도 안 하고 시간을 허비하는 나태함이 습관이 되어버렸고, 그 나태함은 대학교에 입학한 이후로도 저를 옭아맸습니다. 그토록 원했던 대학 생활의 자유는, 꿈도 도전도 없는 사람에게는 차라리 축복이 아니라 저주에 가까웠습니다.

대학에 와서 공부를 하자니 처음에는 반감부터 들더라고요. 속은 기분이었어요. 대학만 가면 더는 공부 안 해도 된다고 하셨는데, 그 말을 믿고 진절머리 나도록 공부했는데, 더 공부하고 싶지가 않았습니다.

놀라운 사실은 저 같은 친구들이 꽤 많다는 거예요. 그저 명문대 하나만을 목표로 어린 시절부터 달려왔잖아요. 그래서 '대학 입학'이라는 꿈을 이룬 순간 허무함에 빠집니다. 그다음 꿈을 정해야 하지만 진지하게 생각해 본 적이 없는 경우도 있어요.

그렇게 적지 않은 수의 명문대생이 자퇴를 하고, 심지어 제적을 당합니다. 거의 폐인이 되기도 해요. 명문대까지 들어갈 사람이 폐인이 될 리가 있냐고요? 눈에 보이지 않을 뿐 적지 않아요. 명문대 나오고도 친구들만큼 성공하지 못했다는 부끄러움 때문에 숨어 지내는 사람도 많거든요. 사실은 제가 바로 그런 사람이 되어가고 있었습니다.

꿈이 있는 사람과 없는 사람의 차이

○

대학에 입학하고 1년 동안 아무것도 하지 않던 시절, '이웃사랑'이라는 곳을 찾아갔습니다. 이곳은 학교 차원에서 학생이 교육 봉사를 하고 싶다고 밝히면 지역아동센터나 청소년자활센터 같은 곳을 연결해 주는 기관이었습니다. 저는 연락처 하나만 달랑 받아 직접 전화를 걸고 찾아갔죠. 그렇게 저는 관악구에 있는 한 시설에서 수업을 맡게 되었습니다. 그리고 그 일이 제 인생을 송두리째 바꿀 줄은 꿈에도 몰랐습니다.

사실 저는 열정이 넘쳐서 봉사를 시작한 것도 아니었어요. 제가 마치 대한민국 교육을 구하기 위해 숭고한 뜻을 품고 봉사를 했다는 식으로 신문기사가 나온 적도 있었는데, 솔직히 그런 거창한 목적은 없었습니다.

제가 교육 봉사를 하게 된 이유는 제 자신이 너무 힘들었기 때문이었어요. 학창 시절에는 학교폭력으로 너무 힘들었고, 열등감에 짓눌려 있었습니다. 열심히 해도 성적은 잘 안 나왔고, 공부법을 물어볼 곳도 없어서 늘 좌절했죠. 정말 어떻게든 해보려고 갖은 애를 썼습니다. 하나하나 저에게 맞는 방법을 찾아가면서 깨달았기 때문에 공부법은 제게 너무나도 귀한 자산이었습니다. 누군가에게 알려주지 않고는 견딜 수 없을 정도로요.

그저 저처럼 힘든 학생이 있다면 공부법을 알려주고 싶었을 뿐이었어요. 수험 생활을 할 때 스스로 기도하며 약속하기도 했고요. '내가 잘돼서 명문대에 합격하면 꼭 다른 학생들을 도와주리라.' 정말 진심이었어요.

내가 가면 아이들이 고마워하고 열심히 공부할 줄 알았는데, 전혀요. 초등학교 저학년부터 중학생까지 학년 구분도 안 되어 있어서 누구를 가르쳐야 할지 난감했습니다. 어떤 아이는 저보고 "여자 친구 없죠? 왜 없는지 알겠네요"라며 놀리기도 하고, 다른 친구는 저만 보면 공 차러 가자고 조르기만 했어요. 준비해 간 책과 공부 계획은 아무 소용이 없었습니다. 소외 계층 학생들을 어떻게 대해야 할지도 잘 몰랐고요.

더군다나 그곳은 한부모가정을 위한 시설인 모자센터가 함께 있었는데, 갓난아이들까지 섞여 있어서 그야말로 아수라장이 따로 없었습니다. 밥상 같은 데 앉아서 공부를 해야 했는데, 공부를 하고 싶었던 건지 밥을 먹고 싶었던 건지 갓난아이들이 기어 와서 자기도 옆에 떡하니 앉는 일이 예사였습니다.

나중에는 소위 탈학교 청소년이라고 불리던, 학교 밖 학생들을 가르치게 되었습니다. 사고를 치고 퇴학당하거나 온몸에 문신이 새겨진 친구들, 어디선가 생활을 하다가 온 친구들까지 저로서는 감당하기가 너무 어려웠습니다. 2분의 1끼리 더하면 4분의 1인 줄 아는 건 애교였죠. 이렇게 공부와 거리가 먼 친구들을 데리고 검정고시를 준비했습니다. 나중에는 합숙까지 하면서 결국 합격시켰어요.

그 시절 센터의 간사님이 아니었다면 저는 분명 포기하고 도망쳤을 거예요. 간사님께서 간곡히 부탁하셨고 봉사 기간도 정해져 있었기 때문에 계속 가르칠 수밖에 없었죠. 그런데 시간이 지나면서 어려웠던 아이들과 점차 친구가 되었고, 어느 순간부터는 제가 먼저 공 차러 나가자고 조르게 되었습니다. 처음에는 딱 그 학기만 하고 그만두려 했는데, 그 일이 제 평생의 일이 될 줄은 몰랐습니다. 심지어 그 활동은 군대 가기 전까지 하는 단순한 봉사일 뿐, 제 전공이나 꿈과는 전혀 관련이 없다고 생각했거든요.

소외 계층 아이들을 가르치면서 뼈저리게 느낀 점이 있

었습니다. 이 친구들은 돈도 없고, 성적도 바닥이고, 심지어 학교에서 쫓겨나기까지 했어요. 이런 아이들에게 "너는 할 수 있어", "너는 정말 소중한 사람이야", "방법을 알려줄게, 힘내"라는 말을 해주는 사람이 단 한 명이라도 있으면요, 절대 나쁘게 되지 않아요. 최소한 범죄자는 되지 않습니다.

그렇다면 여기 있는 일부 학생들만이 아니라 모든 학생들에게 '멘토'를 만들어줄 수 있다면 어떨까요? 저는 그때까지 살면서 그보다 더 가치 있는 일을 찾지 못했어요. 군 복무 기간 동안 많은 고민을 했고, 전역한 후에는 그 일이 제 꿈이 되었습니다.

전 과목 A가 안 나올 수 없는 방법

○

학생들을 도와주는 일을 꿈으로 삼은 후 더욱더 체계적으로 그들을 도와주고 싶어졌습니다. 그래서 교육학과 수업을 듣기 시작했어요. 그 당시 저는 새벽 5시 알람이 울리면 잠자리를 박차고 일어나 정확히 5시 30분에 집을 나서서 학교로 향했습니다. 6시 30분에 공대 신양 학술관에 도착해 어제 수업을 복습하기도 하고 제출할 숙제도 손봤죠. 8시가 되면 학생회관 식당에서 아침을 먹고, 수업 15분 전에 교실에 도착해 가장 앞줄에 자리를 잡았습니다. 맨 앞자리에 앉으면 딴 짓을 할 수 없거든요. 앞자리에 앉으면 질문하기도 참 좋습니다. 뒤에서 손을 들고 소리를 지를 필요가 없으니 다른 학우들 눈치 볼 일도 없죠. 수업 중에는 교수님과 눈을 맞추고 계속 고개를 끄덕였습니다. 이해가 안 될 땐 일부러 고통스러운 표정도 짓고요. 그러면 교수님께서 나만 보며 수업을 진행하는 느낌이 들더라고요.

노트에는 교수님께서 하신 말씀뿐만 아니라 제 생각이나 질문할 것들을 쉬지 않고 적었습니다. 질문거리를 모아 가급적 수업 직후에 교수님이나 조교님을 찾아가 질문했어요. 찾아갈 때 커피라도 하나 들고 가면 더 친절하게 설명해주시기도 합니다. 조교가 복학생이라 저와 같은 나이일 때도 있었는데, 친구가 되어 같이 밥을 먹으러 가기도 했습니다. 공부법이나 진로에 대해서도 많이 물어보았어요. 그 당시 저는 이전과 다른 사람처럼 살았습니다. 하루 종일 공부를 하고, 집에 와서는 씻고 곧바로 잠자리에 들었습니다. 집에 일찍 와 빈둥거리기 싫었거든요. 11시쯤 잠자리에 들어 새벽 5시에 눈을 떴습니다.

교육학과 교수님 중 한 분은 타 학과 학생인 제가 이렇게 수업을 열심히 듣는 것이 신기하셨는지, 연구실로 함께 와서 연구를 해보자고 권해 주시기도 했습니다. 정말 큰 영광이었어요. 나중에는 교육학과 대학원생들을 초대해 교수님 자택에서 식사하는 자리에도 초대해 주셨습니다. 과거에는 교수님과 한마디 대화도 나누기 어려웠는데, 이제는 교수님 댁에서 대학원생들 사이에 앉아 사모님이 차려주신 밥을 먹고 있더라고요.

마치 제가 성적을 잘 받으려고 안달 난 학생처럼 보일지도 모르겠지만, 사실은 정반대였습니다. 저는 대학에서 성적에 크게 신경 쓰지 않았어요. 저에게 중요한 건 성적이 아니라 배움 그 자체였거든요. 저는 소외 계층 아이들에게 '멘토'가 되어야 했고, 저를 롤모델로 삼는 아이들이 있었기 때문에 그 어떤 수업도 최선을 다해 공부할 수밖에 없었습니다. 그런 마음으로 공부를 하다 보니 놀랍게도 성적이 점점

4.0에 가까워지기 시작했습니다. 전 과목 평균이 A였어요.

학사경고를 받던 강성태와 새벽 5시에 일어나 수업을 준비하는 강성태. 대학 생활이 어떻게 이렇게 극과 극의 차이를 보일 수 있는지, 저도 제 삶을 돌이켜보면 참 황당합니다. 그저 한 줄짜리 꿈이 있느냐 없느냐의 차이였어요.

대학 입학 후 꿈도 없고 아무것도 안 하던 시절, 저는 그저 시간만 흘려보냈습니다. 딱히 바쁘지도 않았고 수업에도 잘 나가지 않았죠. 컴퓨터를 켜고 웹서핑을 하다가 할 게 없으면 게임을 하고, 친구가 부르면 나가 놀다가 늦게 들어오는 게 생활의 전부였습니다. 몸은 편했지만, 마음은 너무 불편하고 우울했어요. 수험 생활 내내 꿈꾸던 게임만 하고 공부 안 하는 바로 그 삶을 살았지만, 신기하게도 전혀 행복하지 않았습니다.

사람들은 꿈이 있어야 공부한다고들 말합니다. 꼭 꿈이 없더라도 공부는 할 수 있습니다. 공부 그 자체가 좋아서 할 수도 있죠. 하지만 분명한 건, 진심으로 이루고 싶은 꿈이 있으면 절대 포기하지 않는다는 거예요. 꿈은 때로 자기 자신을 대변하며, 주변 사람들에게 자신이 어떤 사람인지를 알려줍니다. 뭘 좋아하는지, 무엇을 향해 가는지, 어떤 사람이 될지를 알려주죠.

'공신닷컴' 수강생들만 봐도 명확한 꿈이 있는 경우와 그렇지 않은 경우는 완전히 다릅니다. 아버지가 돌아가시기 전까지 수년간 거동도 못 하시는 걸 지켜보며 반드시 의사가 되어 아픈 사람들을 돕겠다고 결심한 학생과, 공부할 이유 없이 교실에 앉아 있다가 졸리면 엎드려 자는 학생은 눈빛부터 다르고 앉은 자세부터 다릅니다.

이들의 성적과 미래는 어떻게 다를까요? 실제로 결심했던 학생은 서울대 의대에 합격했어요. 능력이나 돈의 차이가 아니었습니다. 꿈이 있고 없고의 차이일 뿐이죠.

확고한 꿈을 가지고 열정적으로 사는 사람은 그 누구도 함부로 대할 수 없습니다. 지금 당장 가진 게 없더라도, 세계 최고의 CEO나 대통령이 되겠다는 꿈을 가지고 최선을 다해 노력하는 학생을 누가 무시할 수 있겠어요? 오히려 그런 열정 있는 사람은 우리 사회 모두가 발벗고 도와주고 싶어 합니다.

요즘처럼 꿈이 사라진 시대에는 멋진 꿈을 가진 것만으로도 사람들에게 존경을 받습니다. 꿈을 가진 것은 경쟁력이고 잠재력이며, 그 자체가 능력이기 때문입니다.

왜 나는
꿈을 못 찾는 걸까?

"요즘처럼 할 수 있는 게 많은 시대에 태어난 게 얼마나 축복인 줄 알아? '라떼'는 말이야~!"

혹시 이런 이야기 들어보신 적 있나요? 어르신들이 우리에게 흔히 해주시는 말씀이죠. 맞습니다. 과거에 비해 자신의 의지와 노력만 있다면 얼마든지 하고 싶은 것을 마음껏 할 수 있는 세상이 왔어요.

불과 몇 십 년 전만 해도 그냥 점수에 맞춰 학과를 선택하면 그것이 평생 직업이 되곤 했습니다. 우리나라가 고도성장기였기 때문에 취업도 지금보다 훨씬 잘됐고요. 지금처럼 진로를 심각하게 고민할 필요가 크지 않던 시절이었습니다.

하지만 지금은 조금 달라요. 선택할 수 있는 범위와 자유가 커졌고, 이것이 반대로 족쇄처럼 작용하고 있습니다. 실제로 우리는 수많은 선택의 기로에 서 있습니다. 선택할 수 있는 기회가 많아진 만큼 고민도 깊어졌어요. 직업의 종류도 어마어마하게 많아졌습니다. 미국 노동부의 통계에 따르면, 1950년대에는 약 270개의 직업이 공식적으로 분류되어 있었는데요. 현재 한국에는 약 1만 2000개의 직업이 존재한다고 추산합니다. 그리고 기술과 사회의 변화로 인해 새로운 직업이 매일 탄생하고 있어요. 사실상 무한히 많다고 봐도 되는 수치죠.

게다가 각자의 꿈과 개성이 중요시되는 시대이기도 합니다. 아무 생각 없이 남들 따라 사는 게 멋없어 보이기도 하고, 심지어 수많은 멘토들도 '자기만의 삶을 살라'고 강조합니다.

선택의 고민은 과연 얼마나 클까요? 심리학자인 셰나 아이엔가와 마크 레퍼는 선택지가 많을 때 사람들이 어떤 반응을 보이는지 알아보기 위한 실험을 진행했습니다. 고급 슈퍼마켓에서 고객들을 대상으로 잼 시식을 하게 했는데요. 이때 두 가지 다른 조건을 만들었습니다.

먼저 첫 번째 테이블에는 무려 24가지 종류의 잼을 준비해 두었습니다. 다양한 맛과 색깔의 잼이 늘어서 있었죠. 반면 두 번째 테이블에는 6가지 종류의 잼만 놓아두었습니다. 이 두 테이블 앞에서 사람들이 어떤 반응을 보이는지 살펴보았습니다.

우선 24가지 잼이 있는 테이블은 초반에 확실히 사람들의 관심을 끌었습니다. 더 많은 사람들이 이 테이블에서 시식을 했죠. 하지만 잼을 구매한 사람은 매우 적었습니다. 반면 6가지 잼이 있는 테이블에서는 상대적으로 적은 사람이 시식을 했지만, 구매 비율은 훨씬 높았습니다. 24가지 잼을 시식한 사람 중에는 3퍼센트만이 잼을 구매했고, 6가지 잼을 시식한 경우는 30퍼센트가 구입했던 것입니다.

이 실험이 알려주는 바는 분명합니다. 선택의 폭이 넓을수록 오히려 결정을 내리기가 더 어렵고 오래 걸릴 수 있다는 거예요. 게다가 선택을 한 뒤 만족도도 더 떨어집니다. 선택지가 하나면 후회할 것도 없지만 24가지나 되면 '아, 그때 B를 골랐어야 했는데 A를 샀네' 하고 생각하게 되죠.

너무 많은 선택지가 있으면 그 속에서 길을 잃기 쉽습니다. 잼을 고르는 문제만이 아니에요. 오늘날처럼 수많은 직업과 진로 옵션이 주어진다면 여러분은 그 많은 선택지 앞에서 더 깊은 고민에 빠질 수밖에 없습니다. 고작 잼만으로도 이렇게 행복과 불행이 나뉘는데, 직업과 진로는 얼마나 고민이 될까요? 공부하는 것도 너무 부담스러운데, 진로까지 정해야 하니 곡소리가 날 정도죠.

자기만의 길을 만들어간다는 것

○

여러분이 느끼는 부담과 압박은 과거에 비해 훨씬 더 커졌습니다. 명백한 사실이에요. 그래서 지금의 그 혼란은 자연스러운 감정입니다. 그러니 주변에서 '너는 왜 꿈도 없냐', '의지만 있으면 다 할 수 있는 축복의 시대다' 하는 말들에 흔들릴 필요 없습니다. 여러분만의 페이스를 지켜야 해요. 식당에서 배고프다고 빨리 주문하라고 재촉한다면 어떨까요. 가만히 좀 있으라고 입에 냅킨을 넣어주고 싶잖아요.

게다가 진로와 꿈에 대해 고민한다는 건 이미 노력하고

있다는 뜻이기도 합니다. 정말 잘하고 있어요. 지금 제 옆자리에 앉아 있는 강아지는 꿈 때문에 힘들어하고 고민하지 않아요. 여전히 행복한 표정으로 개껌만 씹고 있습니다. 노력도 고민도 하지 않으니까 힘들지 않은 거예요.

다만 이것만큼은 약속해 주세요. 좌절하거나 멈추거나 포기하지 않겠다고요. 많은 학생들이 '나는 왜 꿈도 없을까?'라며 자책하고 있어요. 그러면서 꿈 있는 사람들을 부러워하기도 하죠. 하지만 꿈도 공짜가 아니에요. 아무것도 안 하는 사람에게 하늘에서 갑자기 꿈이 뚝 하고 떨어지지 않습니다. 애써 구하고 찾고 헤매고 시도해 봐야 합니다.

내가 정말 사랑하는 일을 찾는 것은 사랑하는 사람을 찾는 것과 크게 다르지 않습니다. 이불 속에만 누워 있는데 누가 내게 찾아와서 사랑을 고백할까요? 아닙니다. 집에만 있으면 택배 아저씨나 가스 검침 아주머니만 만날 수 있어요. 꿈도 마찬가지입니다. 여러분이 먼저 손을 뻗지 않으면 만져볼 수도 없어요.

자신이 무엇을 좋아하고 잘하는지, 주변에 어떤 기회가

있는지 탐색하다 보면 분명 여러분도 도전해 보고 싶은 꿈을 반드시 찾게 될 거예요. 너무 조급해할 필요 없습니다. 지금 하는 공부도 방향을 찾는 과정 중 일부거든요. 공부를 하면서 나에게 잘 맞는 과목, 흥미 있는 단원, 재미있어하는 프로젝트를 알 수 있고, 진학을 하고 경험이 많아지면 자연스럽게 내가 하고 싶은 것을 찾게 되기도 합니다.

그렇게 준비를 하면서 선택의 순간이 찾아왔을 때 자신 있게 결정을 내리면 됩니다. 지금 잘하고 있는 겁니다. 여러분의 길을 천천히, 그러나 확실하게 찾아가면 되는 거예요.

AI 시대에
대체되지 않는 직업

수많은 전문가들이 'AI에 대체되지 않을 직업'을 찾으라고 말합니다. 여기저기서 AI로부터 안전한 직업들을 순위로 매겨 발표하기도 하죠. 그래서일까요? 초등학생들조차 "앞으로 사라지지 않을 직업을 추천해 주세요"라는 말을 하곤 합니다. 하지만 저는 생각이 좀 달라요. 그런 직업 리스트를 참고할 수는 있겠지만, 그것만을 기준으로 꿈을 정하라고 말하고 싶진 않습니다. 나중에 크게 후회하게 될 수도 있거든요.

사실 지금까지 전문가들이 내놓은 예상은 완전히 빗나갔습니다. 어떻게 이렇게까지 틀릴 수 있나 싶어요. 불과 수

년 전만 해도 전문가들은 '창의적인 일을 하는 직종'이 AI에 대체되지 않을 것이라고 입을 모았습니다. 그런데 지금은 어떤가요? 창의성을 요하는 그림이나 음악, 글쓰기까지 모두 AI가 잘해냅니다. 한편 AI 시대이니까 프로그래머 직종이 유망하다고 점쳤죠. 개발자분들은 아마 체감하실 거예요. 지금 가장 먼저 대체되고 있는 직업 중 하나가 프로그래머입니다.

그 무엇보다 가장 소중한 건 여러분 자신인데, 여러분이 무엇을 좋아하고 잘하는지는 전혀 고려하지 않은 채 오직 '대체되지 않을 직업'만을 찾으라고 강요하는 게 저는 참 이상하다고 생각합니다. 무엇보다 이런 생각은 AI 시대를 역행하는 겁니다. AI에 대체되지 않기 위해 직업을 정했는데, 여러분이 하고 싶지도 않고 잘하지도 않는 일이라면 그땐 어떻게 하나요?

저는 앞으로의 세상에서는 더욱더 여러분의 꿈을 가장 우선에 두고 생각해야 한다고 확신합니다. 과거에는 좋은 직장에 들어가는 것만을 목표로 삼기도 했습니다. 꿈 자체가 '좋은 직장'이었던 것입니다. 그렇게 살 수밖에 없었고, 그렇게 살아도 괜찮았습니다. 하지만 지금은 달라요. 여러분이 잘하고 좋아하는 일을 AI를 통해 다양한 방법으로 실현시킬 수 있고, 창업을 한다 해도 여러분이 어떤 일을 무엇을 위해 할지 '꿈'을 기준으로 스스로 정해야 합니다.

앞서도 말씀드렸듯이 공부를 할 때 꿈을 갖는 건 원래도 중요합니다. 그것이 동기가 되고 방향이 되어 착실히 준비해 나갈 수 있기 때문입니다. 하지만 이전보다 더더욱 AI 시대에는 꿈을 찾는 것이 중요해졌습니다. 꿈이 없다면, 시작조차 할 수 없기 때문입니다.

꿈을 직업에 가두지 마세요

○

제 직업이 뭘까요? 책을 쓰는 작가일까요, 100만 명 넘는 구독자를 보유한 유튜버일까요? '공신닷컴'의 CEO 혹은 스타 강사? 연예인보다 더 많이 방송에 나가는 방송인? 하루도 빠짐없이 상담을 해왔으니 상담사? 실제 랩 음원을 내고 저작권협회에 등록까지 했으니 가수? 뭐라고 딱 집어 이야기할 수 없습니다.

저는 직업을 정해본 적이 없어요. 하지만 꿈은 있었습니다. 직업 하나에만 국한되어 있었다면 이처럼 폭넓은 활동은 불가능했을지도 모릅니다. 제 꿈은 '빈부와 지역에 상관없이 모든 학생들에게 멘토를 만들어준다'였습니다. 이 꿈을 위해 멘토링을 확대하고자 제 모든 것을 바쳤고, 이 많은 일들을 하게 되었던 겁니다. 심지어 최근에는 AI를 통해 집중력을 올려주는 앱도 개발했어요.

제 꿈은 직업에 갇혀 있지 않기 때문에, 설사 한 직업이 사라진다고 해도 크게 타격받지 않습니다. 꿈을 이루기 위해 지금껏 쌓아온 경험과 지식을 바탕으로 계속 확장해 나갈 수 있기 때문입니다.

물론 '어떤 직업을 갖겠다'는 목표를 가질 수는 있습니다만, 꿈을 단순히 직업으로만 국한시키는 건 여러분의 가능성과 사고의 범위를 제한시킬 수 있습니다. AI를 비롯한 각종 기술로 무엇이든 가능한 시대가 오고 있잖아요. 게다가 여러분은 100살 넘게 긴 인생을 살게 될 텐데요. 그 와중에 직업이 계속 바뀔 수도 있어요.

그러니 가슴 벅찬 '꿈'을 한번 적어보는 건 어떨까요? 물론 당장 정하지 못할 수도 있고, 바뀔 수도 있습니다. 정말로 이뤄보고 싶고 가져보고 싶고 해보고 싶은 것을 곰곰이 생각해 보세요. 절대 시간 낭비가 아닙니다. 이 세상에서 가장 소중한 여러분 스스로를 알아나가는 과정이기도 하고, 또 배움의 필요성도 느끼게 될 거예요. 이 세상 어떤 일도 무언가를 배우지 않고 가능한 것은 없으니까요.

진정한 공부가 선사하는
보람과 희열

대학에 입학한 후 첫 영어 수업 시간에 영어 이름을 하나 씩 정했는데요. 저는 주저 없이 '빈센트 강'을 선택했습니다. 알아요. 저랑 잘 어울리지 않는 세련된 이름이죠. 이 이름은 오래된 영화 「가타카」의 주인공 이름에서 따왔습니다. '빈 센트'는 가상의 인물이지만, 실존 인물보다도 제 삶에 큰 영 향을 미쳤거든요.

영화의 배경은 미래입니다. 유전 조작을 통해 실험실에 서 완벽한 인간을 만들어낼 수 있는 시대죠. 하지만 주인공 인 빈센트는 실험실에서 태어나지 않았습니다. 그 때문에 빈센트는 유전적인 결함을 제거하지 못한 채 온갖 결점을 그대로 안고 태어났습니다.

안타깝게도 그는 태어난 순간부터 축복은커녕 서른 살에 심장병으로 죽을 것이라는 사망 선고를 받았습니다. 미래 사회는 유전자로 질병과 미래를 예측할 수 있거든요. 유전자 조작으로 태어나지 않은 인간은 모든 면에서 열등했고 극심한 차별을 당할 수밖에 없었습니다. 게다가 각종 질병까지 갖고 태어난 빈센트는 보험조차 들 수 없었습니다. 심한 난시로 인해 두꺼운 안경 없이는 앞을 볼 수 없었고, 교육 기관에서도 받아주지 않아 그는 완전히 낙오자가 되었습니다.

그와 반대로 빈센트의 동생은 실험실에서 태어난 완벽한 인간이었습니다. 동생은 약해 빠진 형을 조롱했고 패배자 취급했습니다. 이렇게 그의 삶은 늘 가혹하기만 했습니다.

하지만 빈센트에게는 꿈이 있었습니다. 우주로 나가겠다는 꿈이었죠. 제약이 많은 지구를 떠나 우주로 나가고 싶었지만, 그 당시 우주 비행사는 인공적으로 태어난 완벽한 인간조차 쉽게 될 수 없는, 불가능한 꿈이었습니다. 더군다나 빈센트에게는 우주인에 지원할 자격조차 주어지지 않았죠.

결국 그는 집을 떠나 자신만의 길을 찾기 시작합니다.

세월이 흘러 빈센트는 성인이 되었습니다. 그의 동생은 형 빈센트가 자신이 쫓고 있던 살인 사건의 용의자라는 사실을 알게 됩니다. 놀랍게도 서른 살에 죽을 것이라던 형 빈센트는 곧 우주로 떠날 우주 비행사가 되어 있었습니다. 더 정확히 말하자면 완벽한 인간으로 위장하고 있었죠. 빈센트는 하루하루 다른 사람에게서 머리카락과 핏방울을 빌려 자신을 숨기고 있었습니다. 노력으로 성공은 얻었지만 유전자는 바꿀 수 없었던 겁니다.

우주로 떠나는 로켓 발사를 이틀 앞둔 그날, 빈센트는 동생과 마주하게 됩니다. 살인자로 의심받는 형과 그를 체포해야 하는 동생. 결국 그들은 말없이 어린 시절 수영 시합을 했던 바다로 향합니다. 폭풍우가 몰아치는 바다로 뛰어들었죠.

어른이 된 형제의 수영 시합은 어땠을까요? 이번 시합의 결과는 과거와 달랐습니다. 빈센트가 동생을 이긴 겁니다.

지쳐 포기한 동생이 형에게 이렇게 물었습니다. 어떻게 이모든 걸 해낼 수 있었느냐고요. 빈센트는 이렇게 대답했습니다.

"넌 내가 어떻게 해냈는지 알고 싶겠지. 이게 나의 비결이야, 안톤. 나는 돌아갈 힘을 남겨놓지 않아."

("You want to know how I did it? This is how I did it, Anton. I never saved anything for the swim back.")

빈센트는 모든 면에서 남들보다 한참 뒤처진 채 태어났습니다. 심지어 서른 살에 생을 마감한다는 시한부 인생을 선고받기도 했죠.

그런 그가 할 수 있는 유일한 건 '매일매일 돌아올 힘을 남기지 않고 모든 걸 쏟아붓는 노력'뿐이었습니다. 실제로 빈센트는 공부를 하거나 운동을 할 때도 자신이 가진 모든 에너지를 전부 쏟아냈습니다. 반면, 그보다 뛰어난 존재들은 언제나 힘을 남겨놓았습니다. 그들은 최선을 다하지도 않았고, 절박하지도 않았습니다. 빈센트는 매 순간 목숨을 걸고 싸웠던 겁니다.

그날 밤 동생과 벌인 수영 시합에서도 빈센트는 모든 에너지를 다 쏟았습니다. 하지만 동생은 다시 육지로 돌아가야 한다는 걱정에 에너지를 아껴두고 있었고, 경주 중간중간에도 계속 돌아가야 할 길을 확인했습니다. 빈센트를 이길 수 없었던 거죠.

'돌아갈 힘을 남기지 않는다.' 학창 시절, 저는 그 장면을 보고 눈물을 참을 수 없었습니다. 제 자신을 보는 것 같았으니까요. 겁 많고, 약하고, 덩치도 작은 촌놈이었던 나. 친구가 뱉은 담배 섞인 가래침을 얼굴에 맞고도 아무 말도 하지 못했던 나. 이런 제가 빈센트와 크게 다르지 않다고 생각했습니다.

그런 빈센트가 벗어날 수 없을 것 같은 시련을 온몸이 부서질 만큼의 노력으로 이겨내는 모습을 보며 말로 다 표현할 수 없는 감정이 북받쳐 올랐습니다. 빈센트의 마음가짐으로 공부를 해야겠다고 마음먹었어요. 돌아올 힘을 결코 남기지 않겠다고요.

내 인생에 기적을 가져다준 단 하나의 목표

○

"공신님은 학교 다닐 때 늘 1등, 최고의 대학을 목표로 공부하신 거죠?"

제가 정말 자주 듣는 질문입니다. 결론부터 말하자면 그러지 않았습니다. 아니, 사실 그럴 수 없었습니다. 그 시절 저는 감히 그런 꿈조차 꿀 수 없었거든요. 주변에 대학 나온 사람도 없었고, 그래서 제가 대학생이 될 거란 확신도 없었습니다.

학창 시절에 제가 목표라고 잡아본 것은 포항공대 산업공학과가 전부였습니다. 그 이유가 정말 부끄러운데요. 당시 산업공학과가 포항공대 모든 학과 중에 가장 경쟁률이 낮았기 때문이었습니다. 정말 웃기죠. 경쟁률이 낮다고 해서 들어가기 쉬운 곳도 아닌데, 제가 이렇게 무지했습니다. 그마저도 명확하지 않았어요. 솔직히 고백하자면 기계항공공학부와 마찬가지로 산업공학과 역시 무엇을 배우는 곳인지 전혀 몰랐습니다.

하지만 수험 생활을 하면서 한 가지 다른 분명한 목표는 있었습니다. '하루를 완전히 소진하는 것.' 정말 그게 전부였습니다. 대학을 향한 거창한 목표도, 높은 점수도 아니었어요. 오직 나 자신, '강성태'가 그날의 목표였습니다. 내 한계에 도전하는 것, 체력은 물론 정신력까지 다 퍼부어서 집에 돌아갈 힘도 없을 만큼 소진시키는 것이었습니다.

매일 밤 12시까지 학교에서 자습을 하고 집에 돌아오면 더 이상 공부할 힘이 남아 있지 않았습니다. 덕분에 잠드는 것도 쉬웠습니다. 하루에 모든 에너지를 다 쏟아보신 분들은 아실 거예요. 불면증은커녕 머리만 대면 바로 기절합니다. 공부하기 싫어질 때는 밧줄로 의자에 몸을 묶어서라도 공부했습니다. 집중력이 흐트러질까 봐, 1초도 허비하지 않으려고 매 문제마다 초를 기록하면서 풀었죠. 아침에 일어나 눈을 뜨면 '부디 오늘 후회 없는 하루가 되게 해주세요'라며 주문을 외우기도 했습니다.

그렇게 제 경쟁자는 다른 사람이 아닌 오직 나 자신이 되어가고 있었습니다. 공부하는 나 자신이 가장 무서운 상대였고, 매일 내 한계에 도전하는 것이 가장 치열한 싸움이었죠. 오늘의 나를 어제와 비교하면서, 조금이라도 더 나아지려고 애썼습니다.

한때 저는 학원 홍보지에 나와 있던 합격 선배들을 그저 동경하던 학생이었습니다. 그 선배가 얼마나 대단해 보였던지, '저 사람은 이제 세상 부러울 게 없겠지…'라는 생각을 했습니다. 그렇게 가끔 서랍 속에 넣어둔 전단지를 꺼내 보며 자극을 받았죠. 그랬던 제가 그 전단지에 나와 있던 선배와 같은 학교 같은 과에 합격하게 되었습니다. 합격 후엔 밥을 얻어먹으며 이런저런 이야기도 나눴죠. 그때 문득 이런 생각이 들었습니다. '나 같은 사람이 어떻게 이 사람과 선후배가 되어 함께 공부하게 되었을까?'

우리는 착각합니다. 높은 목표를 달성한 사람들은 마치 태어날 때부터 운명이 그렇게 정해져 있다고요. 하지만 그런 건 세상에 없습니다. 모든 위대한 여정은 작은 한 걸음부터 시작됩니다. 어떻게 그 목표에 도달할지도 중요하지만, 더 중요한 건 '오늘 하루를 어떻게 보내느냐'입니다. 오늘 하루를 알차게 채우고 내 모든 것을 쏟아붓는 데 집중해야 합니다.

　한 달, 1년이라는 시간은 어쩌면 너무 멀게 느껴질 수도 있습니다. 하지만 오늘 하루는 여러분의 손에 달려 있습니다. 오늘을 내 것으로 만들어보세요. 오늘이 마지막 날이라는 마음으로, 내가 가진 모든 것을 소진할 수 있다면 감히 장담하건대 그 어떤 불가능한 꿈도 반드시 이룰 수 있을 것입니다.

Plus Story

한계를 깨트린 둔재의 최후

"지금부터 너는 남들이 한 번 읽을 때 열 번을 읽어야 한다. 남들이 열 번 읽을 땐 백 번 읽어야 한다. 아무리 어려운 글이라도 반복해서 읽다 보면, 어느 순간 그 의미가 눈에 들어올 것이다. 타고난 재능을 바꿀 순 없겠지만, 노력을 기울이는 것은 누구나 할 수 있는 일이다. 그러면 너도 언젠간 글과 문장에 익숙해 질 것이다."

김득신은 명문가에서 태어났습니다. 그의 아버지 김치는 20세에 과거에 합격한 천재였습니다. 할아버지는 임진왜란 당시 진주성에서 불과 3000명의 병사로 왜군 3만 명을 물리친 진주대첩의 영웅 김시민이었습니다.

이런 가문에서 태어난 김득신은 큰 기대를 받으며 자랐습니다. 심지어 태몽에는 도교의 창시자 노자가 나왔다고 합니다. 이렇듯 장차 큰 인물이 될 것을 확신해 '노자의 꿈을 꾸고 태어난 아이'라는 뜻으로 '몽담(夢聃)'이라는 태명까지 지어주었습니다.

하지만 김득신의 어린 시절은 그러지 못했습니다. 천연두를 앓았는데요. 당시에는 백신이나 치료법이 없어서 거의 90퍼센트가 사망하는 병이었습니다. 그 후유증으로 인해 머리가 충분히 발달하지 못했습니다. 그의 학습 능력은 남들보다 현저히 떨어졌죠.

보통 네 살이면 글을 깨치지만 김득신은 열 살이 되어서야 비로소 글을 이해하기 시작했습니다. 그리고 스무 살이 되어서야 겨우 글을 쓸 수 있었습니다. 지금으로 치면 장애를 가진 분이라고도 볼 수 있죠.

누가 봐도 가망이 없는 상태였습니다. 주변 사람들은 그의 아버지에게 김득신은 공부를 시켜봤자 낭비일 뿐이니 그만 포기하고 양자를 구하는 것이 낫겠다고 조언하기도 했습니다. 외숙인 목서흠은 아예 공부를 그만두라고 말했을 정도입니다. 하지만 김득신의 아버지는 포기하지 않았습니다. 느리고 모자란 아들에게, 앞서 소개한 격려의 말을 해준 것입니다.

감동적인 격려는 맞지만, 한번 생각해 봅시다. 얼마나 자식의 능력이 부족했으면 대놓고 아들에게 그런 말을 했을까요. '넌 소질이 없다. 그나마 노력이란 건 할 수 있으니, 다른 친구들이 열 번 볼 때 너는 백 번을 봐라.' 어지간한 사람이면 시킨 사람도, 조언을 받은 사람도 포기했을 겁니다.

그렇게 김득신은 본격적으로 독서를 시작했지만, 석 달이 지나도 첫 문장을 제대로 기억하지 못했습니다. 얼마나 좌절했을까요. 급기야 서당에서 쫓겨나기까지 했습니다. 믿어준 아버지께 혼이 날까 봐 두려웠습니다. 그런데 아버지 앞에 섰을 때 예상과 달리 아버지는 그를 꾸짖지 않았습니다. 대신 이런 말을 전해주었죠.

"공부란 꼭 과거를 보기 위해서 하는 것이 아니다. 자신을 갈고닦아 세상에 이로운 사람이 되기 위해 하는 것이다."

　그렇게 김득신은 포기하지 않았습니다. 밥을 먹거나 초
상을 치르는 와중에도 손에서 책을 놓지 않았습니다. 심지
어 얼마나 많이 읽었던지 자신의 하인조차 읽을 수 있게 된
책의 첫 구절을 기억하지 못해 부끄럽고 참담할 때에도 다
시 한 번 읽겠다는 다짐을 하며 공부를 이어나갔습니다.

　"네가 비록 머리가 둔해도 올곧은 성품을 지니고 있으니
절대 포기하지 말고 60세까지 과거 시험에 도전하거라."

　김득신의 아버지는 임종의 순간까지도 아들의 편이 되
어주었습니다. 그렇게 그는 자신이 공부한 내용을 기록으
로 남기며 학문을 이어갔습니다. 무려 34세부터 67세까지
읽을 책을 '독서 기록'으로 남겼습니다.
　이 기록에 따르면, 김득신은 『사기』의 '백이전'을 1억
3000번 읽었다고 합니다. 당시 1억이라는 단위는 10만을
의미했으니, 실제로는 약 10만 3000번 읽은 셈입니다. 자신
이 1만 번 읽지 않은 책은 아예 기록도 하지 않았는데, 그 책

만 무려 36권입니다.

그야말로 김득신은 책에서 손을 떼지 않았습니다. 그의 아내가 이런 그를 시험해 보고자 양념장은 뺀 채 상추와 맨 밥만 상에 올려보았는데요. 책에 푹 빠진 나머지 그는 맨밥과 상추만으로 식사를 끝냈다고 합니다.

결국 김득신은 어떻게 되었냐고요? 42세가 되어 말단 관직을 하긴 했지만 자신의 뜻을 펼치기에 한계가 있어 그만두었습니다. 어머니가 돌아가신 뒤 과거 시험에 정식으로 도전하겠다고 다짐했죠. 그 뒤 20년간 김득신은 공부에 전념했고, 59세가 되던 해에 꿈에 그리던 과거에 합격했습니다. 조선시대 왕의 평균 수명이 46세였다는 점을 감안할 때, 김득신은 타고난 한계와 더불어 노화로 인한 기억력 감퇴와도 싸우며 결국 꿈을 이뤄낸 겁니다.

그의 포기하지 않는 공부는 결국 그의 능력까지 바꿔놓았습니다. 그 당시에는 글을 짓고 시를 잘 쓰는 것이 대단한 학습 능력이었습니다. 그런 그가 남긴 대표적인 시가 「용호」입니다. 조선 중기의 학자인 택당 이식 선생은 김득신의 시를 읽고 그의 문장이 당대 최고라고 극찬했고, 임금이었던 효종은 "당나라의 시와 견주어도 손색이 없을 만큼 훌륭한 작품"이라고 평가했습니다. 그땐 당나라의 이백이나 두보 같은 시인이 최고로 여겨졌거든요.

"문자가 만들어진 이래 수천 년의 시간과 삼만 리의 공간에서 공부에 있어 근면하고 걸출한 자로는 마땅히 김득신을 으뜸으로 삼아야 할 것이다."

우리가 잘 알고 있는 다산 정약용도 그에 대해 이렇게 평가했습니다. 그렇다면 김득신 자신은 어땠을까요? 그는 훗날 자신의 생애를 돌아보며 이렇게 말했습니다.

"내가 과거 시험에 급제할 무렵, 내 친구들 대부분은 이미 세상을 떠난 후였으니 나만큼 늦게 과거 시험에 나아간 사람도 없고, 나만큼 소질이 부족한 자도 없을 것이다. 그럼에도 이 부끄러운 기록을 남기는 것은 내 후손 가운데 스스로 부족하다고 여겨 포기하는 자가 나타나지 않기를 바라는 마음에서다."

마지막으로 김득신의 묘비에 적힌 문구를 소개하고자 합니다. 여러분의 마음속에도 깊이 새기길 바라겠습니다.

"재주가 남보다 못하다고 스스로 한계를 짓지 마라. 나보다 어리석고 둔한 사람도 없겠지만, 결국에는 성취가 있었다. 모든 것은 힘쓰는 데 달렸을 따름이다."

("無以才不猶人自畫也. 莫魯於我, 終亦有成. 在勉强而已.")

공부보다 소중한 너의 미래에게

초판 1쇄 발행 2025년 3월 19일
초판 3쇄 발행 2025년 5월 2일

지은이 강성태
펴낸이 김선식

부사장 김은영
콘텐츠사업본부장 임보윤
기획편집 김정택 **책임마케터** 이고은
콘텐츠사업10팀장 김정택 **콘텐츠사업10팀** 이슬, 김유리, 이나영
마케팅2팀 이고은, 배한진, 양지환, 지석배
미디어홍보본부장 정명찬
브랜드홍보팀 오수미, 서가을, 김은지, 이소영, 박장미, 박주현
채널홍보팀 김민정, 정세림, 고나연, 변승주, 홍수경
영상홍보팀 이수인, 염아라, 석찬미, 김혜원, 이지연
편집관리팀 조세현, 김호주, 백설희 **저작권팀** 성민경, 이슬, 윤제희
재무관리팀 하미선, 임혜정, 이슬기, 김주영, 오지수
인사총무팀 강미숙, 이정환, 김혜진, 황종원
제작관리팀 이소현, 김소영, 김진경, 이지우
물류관리팀 김형기, 김선진, 주정훈, 양문현, 채원석, 박재연, 이준희, 이민운
외부스태프 디자인 유어텍스트 **일러스트** 이내

펴낸곳 다산북스 **출판등록** 2005년 12월 23일 제313-2005-00277호
주소 경기도 파주시 회동길 490
대표전화 02-704-1724 **팩스** 02-703-2219 **이메일** dasanbooks@dasanbooks.com
홈페이지 www.dasan.group **블로그** blog.naver.com/dasan_books
용지 스마일몬스터 **인쇄** 민언프린텍 **코팅 및 후가공** 제이오엘앤피 **제본** 국일문화사

ISBN 979-11-306-6483-5(13370)

다산북스(DASANBOOKS)는 독자 여러분의 책에 관한 아이디어와 원고 투고를 기쁜 마음으로 기다리고 있습니다. 책 출간을 원하는 아이디어가 있으신 분은 다산북스 홈페이지 '투고원고'란으로 간단한 개요와 취지, 연락처 등을 보내주세요. 머뭇거리지 말고 문을 두드리세요.

**안녕하세요! 저는 토마토마예요.
제가 잃어버린 집중력을 되찾아드릴 거예요.**

*본문 155p 참고

★ 24시간 자습 감독을 해줘요

여러분의 집중 여부를 AI 카메라가 판독해 줍니다. 자습 감독이 필요 없어요!
물론 어떤 영상 정보도 동의 없이 수집되진 않아요.

★ 손댈 필요 없이 순공 시간이 자동 측정돼요

스톱워치 공부법의 최대 단점은 쉴 때마다 일시 정지 버튼을 누르는 걸 까먹
는 것이죠. 이젠 AI가 저절로 스톱워치와 타이머를 일시 정지시켜 줍니다. 다
시 집중할 때도 자동으로 스타트되고요!

★ 여러분의 공부가 기부돼요

10분 집중에 성공할 때마다 토마토를 하나씩 얻을 수 있어요. 받은 토마토로
소외 계층을 대상으로 한 기부에 참여할 수 있습니다. 우리의 꿈을 이루는 동
시에 세상을 더 밝게 만들 수 있답니다.

★ 포모도로 타이머를 개선했어요

포모도로는 25분 집중과 5분 휴식을 반복하는 방식이죠. 다만 5분씩 무조건
멈추니 집중이 끊어진다는 단점이 있었어요. 토마토마는 10분 집중을 달성해
도 계속 집중할 수 있게 자동 반복됩니다.

★ 모든 집중 시간을 타임랩스로 녹화해 줘요

스포츠 선수들은 자신의 모습을 녹화해서 부족한 점을 개선해요. 이제 토마토마가 코치가 되어 타임랩스로 녹화해 줍니다. 나도 몰랐던 나쁜 습관을 고칠 수 있고, 친구와 공유할 수도 있어요.

★ 게임에 참여해 보세요

리그전의 최고 레벨인 핑크 다이아몬드 토마토까지 올라가보세요. 생존 게임은 하루 10분이라도 집중하면 생존, 안 하면 탈락입니다. 참여하신 분들은 놀랍게도 하루 평균 2시간 이상 집중하고 있어요!

★ 공부를 안 하는 게 불가능한 스터디그룹

매주 함께 정한 집중 시간을 채우지 못하면 자동 강퇴됩니다. 공부를 안 할 수 없을걸요? 그래서 학교나 학원에서도 많이 활용하고 있어요.

★ 외부 방해를 차단해 줘요

토마토마 실행 중에는 모든 알림 기능을 차단해 놓을 수 있어요. 깊이 몰입하는 자신의 모습에 아마 깜짝 놀랄걸요?

아이폰 App Store, 안드로이드 Google Play에서
'토마토마'를 검색하면 만날 수 있어요.